將平凡的事做得不平凡

這個世界上的所有不平凡，都是從最平凡的事開始。
只要你持續努力，足夠深愛。你，也可以改變這個世界！

羅輯思維—人文篇—

羅振宇——著

Contents

第1章 文學

- 經典文學為什麼「不好看」？ 010
- 網路小說：讓人上癮的三大公式 018
- 天才編輯與海明威 025
- 蒲松齡是一盞燈 034
- 閱讀——從經典到經驗 041
- 力量的來源 046
- 故事是最符合人類心智的溝通方法 053

第2章 詩詞

- 〈江雪〉：隔絕外物、獨享美好 064
- 為什麼是陶淵明？ 073
- 一首詩能達到什麼樣的境界？ 081

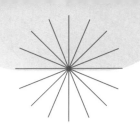

一首好詩，就是一處桃花源 089
一個俗人，怎麼成了聖人？ 097

第3章 語言

語言的切換 108
名字為什麼很重要？ 115
認知方言化 123
一個字帶來的麻煩 130
全世界能用同一種語言團結起來嗎？ 138

第4章 藝術

美是什麼？ 148
酒店的衛生紙為什麼要折三角？ 154

● 畫廊的秘密 161
● 電影這個物種 169
● 紀錄片——一個神奇的物種 176
● 什麼樣的恐怖片最嚇人？ 184
● 間接後果 191

第5章 社會百態

● 人類為什麼會養貓？ 200
● 貓熊是失敗物種嗎？ 207
● 什麼味道才叫地道？ 214
● 聰明人為什麼往往不好打交道？ 222
● 超模是怎樣練成的？ 229
● 神童莫札特 236
● 什麼是「癮」？ 244

● 遊戲的樂趣 252
● 遊戲為什麼好玩? 264
● 遊戲的世界 278
● 遊戲化世界 285
● 遊戲化工作 293
羅胖人文書清單 301
我的人文書清單 303

不同的成就，不同道路，
領受不同獎賞。

要學會把創造力變成產品，
把奇思妙想納入到社會的主流軌道上來，
成為社會結構的一部分。

第1章

文學

經典文學為什麼「不好看」？

第一個答案是，因為它的任務壓根就不是逢迎那個時代的讀者，它的任務是要從原有的、習慣的、熟悉的文學表達中走出來，來到一個更廣闊但是很陌生的新世界。更直白地說，就是讓讀者從原來的舒適狀態中走出來，給他找點彆扭，進入很可能不再舒適的新世界。

有人曾經半開玩笑地說，文學經典就是那種人人都知道，但卻沒人去讀的作品。雖然是玩笑話，但也是個事實。現實中確實沒有多少人真去讀那些經典。我們隨便列舉幾個經典作品：普魯斯特的《追憶似水年華》、托馬斯·曼的《魔山》、卡夫卡的《城堡》、馬奎斯的《百年孤寂》，喬伊斯的《尤利西斯》，都如雷貫耳吧？但是我們捫心自問一下，你都完整地讀過嗎？可能不少人買過，但又有多少人真正從頭到尾讀過呢？

至少我就得坦白承認，我讀過《百年孤寂》和《城堡》，其他幾本買過，但是都沒有讀過。即使讀過的這兩本，也都沒讀出什麼好來。

有人可能就會感慨，這個時代很悲哀啦，現在的文化環境很墮落啦，大家都靜不下心來讀經典啦，沉迷於各種文化快餐啦。這樣的論調，你一定聽到很多。

但是，最近我看到一些材料說，實際上，不僅是我們中國人不讀，西方人也不讀。有一家英國圖書俱樂部的研究發現，40％的英國人承認，他們把文學作品擺在書架上純粹是做做樣子，為了面子上好看；有71％的英國人承認，為了顯得更有文化，會吹噓自己讀過某些名著。所以這至少不是中國人的問題。那為什麼大家不去讀經典呢？經常得到的答案是：經典太艱澀了，不好看。

我也聽到過一種說法，說什麼文學經典，讀者不愛讀，書店賣不好，沒有經過市場檢驗的東西，也能叫經典？無非是少數文化人裝腔作勢、故弄玄虛而已，是國王的新衣。真正的經典，就應該是暢銷書、熱門書、人人都愛讀的書。換一句網路術語來說，就是流量大的書才是經典。

那麼哪種說法有道理呢？我們來解釋一下這件事。

我們從英國作家佛斯特說起。E. M. 佛斯特，和喬伊斯、勞倫斯、伍爾夫被稱為二十世紀英國最偉大的小說家。佛斯特的作品不多，長篇小說六部，短篇小說集兩部。其中兩篇長篇小說《印度之旅》、《窗外有藍天》曾被改編為電影。不過，雖然被改編成電影了，但也沒有多少人真的去讀原著。

那為什麼佛斯特還擁有那麼高的文壇地位呢？因為他提出了全新的問題。

十九世紀後期，英國變成了全球最大的工業發達國家，這樣的國家在人類歷史上從來沒有過，社會結構、人的心態也發生了重大變化，但這些變化沒有反映在作品裡。用佛斯特的話說，因為人與人之間的隔閡，每個人的心都開始發育不良，他的作品就是給這種病去找藥。當然先不說藥管不管用，但是他確實提出了一個從來沒有人說的問題。

在比佛斯特早一輩的英國作家，像狄更斯的作品裡面，就沒有這些問題，因為那個時候的社會沒有這些問題。換句話說，佛斯特通過提出全新的問題，拓展了人們思考的範圍和領域。即使他的作品不是暢銷書，但他提出的問題已經改變了人們的思維世界。

再說個德國的例子，前些年，德國貝塔斯曼出版社組織幾十名德國著名的作家、評論家做了一個評選，選出二十世紀最重要的德語長篇小說。得票最多的，也就是二十世紀最重要的德語長篇小說，名叫《沒有個性的人》，作者是羅伯特・穆齊爾。相信大多數朋友對這位作家和這部小說都聞所未聞。

那它為什麼如此重要呢？德國評論家說，這是一部真正的現代精神小說。長篇小說從十九世紀向二十世紀的發展，主要的變化就是從情節長篇小說向精神長篇小說的轉化。《沒有個性的人》就是這個轉化中最重要的作品。

同時期法國作家普魯斯特的《追憶似水年華》開創了「意識流」的文學

流派。所謂「意識流」小說，其特點是打破了傳統小說的表達方式，採取直接敘述意識流動過程的方法來結構篇章和塑造人物形象。

這些經典作品，不僅本身晦澀難懂，就是評論家簡單概括它們的特點，聽起來也很難懂。不過，雖然我們不太懂評論家到底在說什麼，但有一點是可以聽明白的，那就是這些經典作品在文學創作上都實現了某個方向上的突破：或者是在語言表達上，或者是在敘事結構上，或者是提出了新的時代問題……等等。

其實那些更早的經典作品之所以被列為經典，同樣是因為在那個時代這些作品在某個方面有自己的突破性貢獻。英國的莎士比亞、俄羅斯的普希金、德國的歌德、義大利的薄伽丘，都是他們各自現代民族語言的開創者和豐富者。也就是說，經典之所以成為經典，是因為它們在人類原有的語言表達、敘事方式、問題背景、時代精神方面作出了拓展，讓人類的文學世界比過去更廣闊了，所以才會被記錄進文學史。

明白了這些作品為什麼是經典，為什麼被記錄進文學史，前面提的那個問題「經典文學為什麼通常不好看？」就有了一系列的答案。

第一個答案是，因為它的任務壓根就不是逢迎那個時代的讀者，它的任務是要從原有的、習慣的、熟悉的文學表達中走出來，來到一個更廣闊但是很陌生的新世界。更直白地說，就是讓讀者從原來的舒適狀態中走出來，給他找點彆扭，進入很可能不再舒適的新世界。

反過來說，那些特別好看的文學，它們會給讀者提供新內容、新形象、新情節，但它的表達方式、思維結構、審美偏好、時代精神，一定是早已深入人心的老一套。所以，它們好看，但是不會被寫進文學史，成為經典。

第二個答案是，因為經典文學探索的是新世界，即使它是開山祖師，打通了一條路，但它畢竟是這條路上的第一個人，各方面不成熟很正常。比如胡適的《嘗試集》，中國白話詩歌的第一部詩集，就詩歌水平來說當然不行，但它是第一部，所以是經典。再拿汽車來舉例子，今天隨便一個汽車廠的低端汽車，也會比卡爾·賓士當年打造的人類歷史上的第一部汽車好很多倍。但是如果要說對人類文明的貢獻，你說哪一款是經典呢？

那經典是不是就注定不受市場歡迎？對，這確實是一個事實。至少它的銷量肯定比不過最當紅的通俗作品。《紅樓夢》賣得再好，也不如很多網路文學賺錢。

這是對經典的不公平嗎？不是。人類社會衍生出了兩種機制來分別獎勵兩類作品。一種是用市場機制，也就是全民投票的機制，來對通俗作品做金錢上的獎勵。另一種則是用榮譽機制，也就是同行評價的機制，來對經典作品做聲望上的獎勵。這沒有什麼不公平，是各得其所。

談論這個話題是想破除一個觀念。在很多人的想像裡，一個美好、正義的世界，就應該是最厲害的人通吃所有，應該文能提筆安天下，武能上馬定乾坤，既應該名揚後世，又能夠富可敵國。你經常聽人說，英雄怎麼能窮，好人怎麼能吃虧？

但是在真實世界裡，你踏上任何一條路，都意味著你不僅選擇了這條路，你還選擇了它的代價，也選擇了收益的方式，沒有什麼可憤憤不平的。就拿文學來說，責罵公眾不讀經典是一種墮落，或者責罵經典沒有用戶是一種虛偽，這兩種責罵和傾向都是不肯承認真實世界裡的那個基本定律：

不同的成就，不同的道路，領受不同的獎賞。

網路小說：讓人上癮的三大公式

想想也是，這可不僅僅是網路小說的秘密。你想給別人帶來精神愉悅和快感，這就是一個通用的共識。如果一件事有這麼三個特徵，想讓人不上癮也難。

從人的大腦機制來看，閱讀是一件很難的事情。因為人類世界出現文字的時間太短了，才幾千年，我們還沒有進化出適應閱讀的大腦硬體。所以想要獲得閱讀能力，是要靠大劑量高強度的後天訓練才可以的。

但是有一個相反的例子，就是網路小說。你可別小看網路小說，這是我們這一代中國人獨創的文化現象。

網路小說的篇幅一般都特別長，幾百萬字是一般水平。極端點的，比如雷雲風暴的《從零開始》，連續寫了十一年，總字數二千萬字，足夠一位讀者從初中一直追到大學畢業。僅僅這個字數，就超過很多人一生的閱讀量了。

你不覺得奇怪嗎？我們都說，娛樂正在把我們這代人的時間碎片化，可是網路小說怎麼越來越長，一點也不碎片呢？

如果說提供快感，遊戲也提供快感，絕對不輸網路小說。但是遊戲在時間屬性上有個趨勢，就是越來越短，打一局遊戲的時間越來越少。十年前火起來的DOTA遊戲，一局遊戲怎麼也要玩一個小時。後來的英雄聯盟，節奏就加快了，只需要四十分鐘。到現在，王者榮耀一局也就是二十分鐘左右。

不止遊戲，同樣占了網路流量大頭的影片也是這個趨勢。最開始的時候，一個影片節目怎麼也要四十分鐘、一個小時，後來出現了十分鐘以內的短片。到了現在，幾分鐘都嫌長了，抖音上一個短片只有十幾秒。

在遊戲和影片的邏輯裡，時間長短和吸引力大小似乎是相互矛盾的，需要一個就得放棄另一個。這也很好理解，想給用戶提供最大的快感，就一定要壓縮時間才能提高快感的濃度，濃度越高越吸引人。

可是再看看網路小說，完全沒有變短的趨勢。如果一個作者寫幾個月不寫了，讀者會認為你是爛尾了，還專門給這類小說起了個不好聽的名字，叫「太監小說」，專門嘲諷作者，說下面沒有了。反而有一些小說已經寫得很長，讀者不但不覺得反感，還會要求作者繼續寫下去。就比如《凡人修仙傳》更新了五年，本來已經完更了，結果在讀者的呼籲下，作者在二〇一七年又開始寫起了續篇。讀者不嫌煩，這很奇怪。

還有一點，網路小說是我們這一代中國人發明的，從中國興起的，但是別以為它只適合中國人。

有一個叫作wuxiaworld（武俠世界）的網站，上面全部都是國內網路小說的外語版。這個網站的讀者遍及全世界，它的訪問量現在僅次於國內最大的網路小說網站起點中文網。

如果去看一下這個網站下國外讀者的評論，你會發現即便是翻譯過去的內容，也絲毫沒有減少它們的魅力。

有人在網站的留言區講了自己的經歷。本來自己因為失戀，居然吸了毒，可是後來看到網路小說，竟然靠著它的強大吸引力戒掉了毒癮。還有人說，因為總是等不到自己喜歡的小說更新，嫌網站翻譯得太慢，所以自己去學習了中文，這下就能到中文網站直接看了。中文這麼難學，可見網路小說的魅力有多大。

為什麼在別的地方，時長和吸引力是一對矛盾，但是對網路小說來說這個邏輯就失效了呢？

在網路小說裡有一個「黃金三章」的說法，一部網路小說是不是能長期吸引人，只需要看開篇的三章就可以作出判斷，因為這些小說的開篇都有著非常類似的套路。於是很多網路小說的編輯判斷某個作品是不是值得簽約，就是要看你的開篇是不是在遵循這個套路。甚至有過這樣的情況，有作者把前面開篇寫好了，後來自己都不寫了，而是交給其他寫手繼續寫，讀者照樣非常買帳。

黃金三章是什麼套路呢？我簡單總結了一下，至少有以下三點：

第一，在開篇一定要先交代小說的終極目標是什麼。再長，哪怕幾千萬字，必須要交代這個終極目標。比如網路小說有各種各樣的流派，廢材退婚流、洪荒流、無限流等等，但是幾乎所有流派的共同點都是一樣的，除了介紹一些背景訊息外，一開始就把小說的終極目標說清楚。

比如特別火的小說《鬥破蒼穹》，它就是廢材退婚流小說。開篇就說主角因為實力很弱，被原來有婚約的大家族退婚了。這是人生的奇恥大辱，那麼這部小說的終極目標就是主角快速成長，最後成功，給對方一記響亮的耳光。當年你對我愛搭不理，現在我讓你高攀不起。讀者從一開始就是知道這個情節終點的，這和傳統小說技法隱藏情節終點，是不是正好相反？

只有一個大目標還不行，第二個套路，還需要清晰的成長路徑，所以還需要交代出這個小說世界裡的能力進階體系。比如，修仙小說的成長路徑至少就分成四層境界：煉精化氣、煉氣化神、煉神還虛和煉虛合道四個階段。然後每個階段再細分，每部小說不一樣，通常很繁複。主人公沿著這個漫長的台階，一級一級地往上走，這也是網路小說一開篇往往就要交代的。

黃金三章真正的特殊之處在於它的第三點，那就是一定要有「金手指」。金手指這個詞，最開始是來自於遊戲圈的，是遊戲作弊器的意思。在小說裡的金手指當然也是用來作弊的，要嘛是主角無意中找到了什麼寶物，要嘛是有什麼奇遇，每當主角遇到困難時金手指都會幫主角解決問題。說白了，也就是人物成長的一個作弊工具。

比如《鬥破蒼穹》裡面的金手指，就是在開篇主角撿了個戒指，裡面有一個高人的靈魂，每當主角遇到困難的時候，他都會出面指導主角，幫助主角度過難關。

還有常見的穿越小說，主角通常是從現代穿越回古代的，所以他們腦子裡有現代人的知識，知道歷史走向。對很多大事可以提前準備，讓自己能稱王稱帝，這就是自帶金手指。

發現沒有，這和傳統的英雄小說、武俠小說不太一樣。傳統的武俠小說，不會一開篇就讓主角獲得金手指，給他一把寶劍或是一本經書。要等到主角受盡磨難之後，主角在最低谷時才會得到金手指。

可是網路小說不一樣，往往一開篇就給了主角金手指。而且每一次主角利用金手指修改了歷史的進展，都是對讀者的想法和期待的印證，從而讓讀者產生巨大快感。

我們可以總結一下，網路小說之所以能帶來那麼巨大的閱讀快感，最核心的三個武器：第一，明確的目的；第二，清晰的台階；第三，作弊的工具。

想想也是，這可不僅僅是網路小說的秘密。你想給別人帶來精神愉悅和快感，這就是一個通用的共識。如果一件事有這麼三個特徵，想讓人不上癮也難。就比如說學習，按說很艱苦，但是為什麼還有學霸呢？他一定是因為有以下三個東西：明確的學習目標、清晰的升級路徑、某種被激發出來的可以碾壓他人的天賦。一旦有人具備這三個條件，他想不成為學霸也難。

網路小說是這一代中國人的重大文化成就之一。我們中國人很可能已經找到了給讀者製造爽感的終極公式。

天才編輯與海明威

總之，看柏金斯和海明威打交道，感覺海明威就是一個控制不住自己的炸彈，酗酒、打架、罵髒話，假如沒有柏金斯像一堵牆一樣擋在他面前，控制他的公眾形象，世界著名作家的名單裡，可能就沒有海明威這個人了。

最近，我讀了一本書，名叫《天才》。這是一本傳記，講的是美國出版史上的傳奇編輯，麥斯威爾·柏金斯。聽名字你可能有點陌生，但說起他在美國出版界的地位，我列舉幾件事，你感受一下。

一九五二年，海明威出版小說《老人與海》，在扉頁裡，他寫道，「將此書獻給柏金斯」。《大亨小傳》的作者，費茲傑羅在給海明威的一封信裡，把柏金斯稱為「我們共同的父親」。還有一位在美國家喻戶曉的作家，托馬斯·伍爾夫在代表作《時間與河流》的獻詞中說，「假如沒有柏金斯，也就沒有這本書」。

可以說，在二十世紀前半段，一戰到二戰之間的這段時間裡，美國文學史上影響力最大的三位作家，都是柏金斯一手挖掘出來的。那麼，這個柏金斯到底牛在哪兒？按照我們通常的印象，編輯和作者的關係，說到頭，也就是個伯樂和千里馬的關係，作者負責出才華，把書寫好，編輯負責出資源，把書賣好。但是，我們都知道，是金子總會發光的，好作者現在沒被好編輯發現，將來總有人發現，這個關係中，最重要的仍然是作家。但是，讀完這本書之後，我發現，事情遠沒有那麼簡單。假如沒有柏金斯，很可能也就沒有後來的這三位文學大師。

比如說我們中國讀者都知道的海明威。

海明威有一句座右銘，叫「一個人能被摧毀，但不會被打敗」。你看，多麼典型的一個硬漢。但是，這個硬漢很多時候有點硬過頭了。按今天的說法，就是重度的直男癌。重到什麼程度呢？海明威的作品髒話特別多，「屎尿屁」這樣的字眼在他早年的小說裡基本貫穿全篇。而且他還有強烈的男權傾向，比如在《太陽依舊升起》這本書裡，他直接管一個女性角色叫「母狗」。這就導致沒有一個編輯敢碰他的作品，怕犯眾怒。

但是柏金斯不怕，他接手了海明威。除了苦口婆心地勸說之外，還得自己上手改。為了提醒自己，他還把海明威常用的髒話列了個清單，寫在辦公桌的日曆上，同事看見的時候，都側目而視，以為這傢伙哪裡出了問題，幹嘛在日曆上寫那麼多髒話。所以，我們最終看到的海明威的作品才是今天這個樣子。

儘管如此，海明威的《太陽依舊升起》出版之後，還是讓公眾覺得很不舒服，遭到了很多譴責和抵制，大家覺得太低俗了。這本書在波士頓還被列為禁書。

那個時候可沒有網路，發個微博就能澄清了，柏金斯要一封信一封信，用各種話術回覆讀者和媒體的抗議，這個工作量之大，可想而知。

總之，看柏金斯和海明威打交道，感覺海明威就是一個控制不住自己的炸彈，酗酒、打架、罵髒話，所以，假如沒有柏金斯像一堵牆一樣擋在他面前，控制他的公眾形象，我們今天的世界著名作家的名單裡，可能就沒有海明威這個人了。

另外一個著名的作家，《大亨小傳》的作者，費茲傑羅。

費茲傑羅有才，這毋庸置疑。但是，他也有個致命的缺點，就是特別能花錢，每天都過著揮金如土的日子。但他要是有錢也行啊，費茲傑羅的問題是真沒錢。

沒錢怎麼辦？借囉。自從第一本《塵世樂園》開始，費茲傑羅就隔三差五找他的出版人柏金斯張口，要預支自己的版稅收入。往往一本書還沒出版，版稅就已經被透支光了，有時候還反過來欠出版社好幾千美元。

費茲傑羅經常給柏金斯寫信，一般是三段式的結構。第一段，說說最近的寫作進展；第二段，哭窮，說你再不給我錢，我就要賣家具還債了；第三段，表示經過這次，一定痛改前非。最後署名的時候還不忘自黑一下，管自己叫「注定的乞丐」。字裡行間改過自新的決心，誠懇至極。

每回收到這樣的信，柏金斯二話不說，就去找出版社要錢，假如實在要不到，就自己掏腰包。

再看費茲傑羅這邊，就是不長記性，一拿到錢就大手大腳地花。而且更要命的是，他還有個比他還能花錢的老婆。這兩口子揮霍到什麼程度？有一次柏金斯為了給他們省錢，幫他們在稍微偏僻一點的地方租了個大宅子。結果兩人住進去之後一商量，既然已經有了大房子，為什麼不把廚師、傭人、司機、園丁都配齊呢？然後，他倆就真這麼幹了，結果馬上又陷入新一輪的財務危機。

所以，柏金斯不光是費茲傑羅的編輯，還是他的財務管家、心理諮詢師、精神按摩師、婚姻調解員、職業規劃師等等。為了讓費茲傑羅堅持把長篇小說寫完，柏金斯真是操碎了心。如果沒有柏金斯，費茲傑羅頂多成為一個優秀的作者，而不會成為後來的文學巨匠。

至於另一個作者伍爾夫，中國讀者知道的比較少，如果你有興趣知道他和柏金斯的故事，還可以看一部電影，叫《天才柏金斯》。

別的我們不說了，就說一件，伍爾夫的代表作《天使，望故鄉》，因為柏金斯修改得太多了，導致業內甚至有一種說法，《天使，望故鄉》真正的作者其實是柏金斯，伍爾夫頂多算第二作者。

柏金斯的這本傳記裡充滿了這種小故事。我自己一邊讀，一邊腦子裡蹦出一個詞，就是「磨刀石」。

你可能會說，柏金斯這麼厲害，他怎麼自己不寫。對，這恰恰是問題的關鍵。這個世界，擁有無窮創造力的，說到底還是那些天才，而不是柏金斯這樣的人。但是，天才缺不了柏金斯這樣的磨刀石。

他起到了兩個作用。

第一，不斷給天才反饋，用催、用逼、用苦口婆心，把他們那些靠不住的毛刺修掉。讓他們的行為模式，回到正常的社會軌道上來。至少社會的主流價值觀能接受。

更重要的是第二點，他把天才的價值，嵌入到正常的社會結構裡，找到他們的位置。這個過程，就是把創造性變成產品的過程。

有一個問題來了，現在還有柏金斯這樣的人嗎？實際上，美國出版業也只有這一位柏金斯。那已經是半個多世紀之前的人物了。為什麼後來沒有了？因為社會網路化程度提高了，創造力變成產品的方式變了。

就拿現在來說，出版社的編輯往往盯在微博上、論壇上、微信公眾號等等社交媒體上，看到有潛力的文章，就和作者聯繫。這些作者已經在微博和論壇證明了自己寫作和吸引用戶的能力。出版社只是一個識別器，不是他們的磨刀石了。這個產品他已經快做完了，出版社只是最後一道接力棒。

再比如說選演員，原來這一行也有類似於柏金斯這樣的角色，叫「星探」。但是今天，人人在網上有展示自己的機會，才藝很容易被看見。星探也不是演員的磨刀石了。

那現在還有「磨刀石」嗎？有。但是必須每一個人自己去找。一個產品，用戶就是它的磨刀石。一個藝術家，市場就是他的磨刀石。一個創業者，對手就是他的磨刀石。

磨什麼呢？柏金斯的一生，隔了半個多世紀還是能給我們啟發。無非就是我們剛才說的那兩點。

第一，把奇思妙想納入到社會的主流軌道上來，成為社會結構的一部分；第二，把創造力變成產品，變成公共服務的一部分。這就是當年柏金斯為那些大作家做的事，也是今天我們要為自己做的事。

過短暫世俗的生活，
就像面對千秋萬代一樣。
再普通的人生，
也能夠打開無窮無盡的可能。

蒲松齡是一盞燈

做平凡的事，就像做一件了不起的事一樣。

有一天作家賈行家問我，中國古代文學作品中，我最喜歡的是什麼？我說是《聊齋》。

我跟他開玩笑講，我的青春期教育是通過《聊齋》完成的。一個書生，夜宿荒齋，然後就來了個美貌的女子，然後就能成一段好事，開始一個傳奇，這是一個不會追女生的大男孩最喜歡的故事類型了。現在看來，《聊齋》對我的影響，確實超出一般的書。

我通讀過三次《聊齋》。第一次是大學一年級放寒假的時候，在南方的那個又潮溼又陰冷的冬天，我披著一件厚厚的棉大衣，縮在被窩裡，讀《聊齋》。讀到興奮的地方，披衣而起，繞屋轉圈。那種經常被點燃的感覺，至今還有記憶。我是第一次那麼完整地體會到文言文的魅力。我文言文的語感不錯，至少有一半來自於讀《聊齋》。

不過，這還不是我喜歡《聊齋》的根本原因。根本原因，是蒲松齡這個人。

蒲松齡，字留仙，山東淄川人。十九歲第一次參加秀才考試，就得了縣、府、道三個第一，名震半個山東。蒲松齡起點很好，才氣又大，年紀又輕，按照常理，只要努力，博個功名，考個舉人是沒有問題的。但是，科舉時代有一句話，叫「考場莫論文」，考場成敗有時候跟文才沒什麼關係的，就是個運氣。蒲松齡的運氣就特別不好。此後的五十年，他一直被卡在秀才這個級別上。考了一輩子，顆粒無收。

蒲松齡一輩子的生計，基本上就是在一家大戶人家當私塾先生，雖然談不上有多窮困潦倒，但是日子過得非常緊巴。因為教書的地方離家也比較遠，他雖然和妻子劉氏感情很好，一生也是聚少離多。就是這樣的一個人寫出了

《聊齋》。

你可能會說，這個故事沒有什麼了不起啊。中國古代有才華的人，官場不得意這不是常態嗎？杜甫有一句詩叫「文章憎命達」，有文才的人總是命運不好，這有什麼稀奇的呢？

還是有點不一樣。

其他的文人，即使在仕途上不順利，但還是可以通過文學創作的成就來做自己的精神支柱。中國古代的文學，詩和文，才是正式的文體。寫出一筆好詩文，雖然不見得能當官，但在民間還是非常受尊敬的。

李白詩名遠播，連唐玄宗都要召見他。杜甫詩名遠播，被四川的節度使嚴武關照，所以才有成都的杜甫草堂。就連柳永那樣的人，填詞高手，雖然詞在文體上不登大雅之堂，但是皇帝也知道他，宋仁宗不還讓他「且去填詞」嗎？就算官當不上，但是柳永在青樓妓院還是很受歡迎的。一個文人只要有現實成就感，只要還能聽得到身邊傳來的掌聲，一個人的精神支柱就還在。

但是蒲松齡不同。如果你讀過一遍《聊齋》，你會被蒲松齡的用心震撼到，謀篇布局之巧妙，遣詞用字之精當，再大的才子，也是要傾注畢生心血才能做到的。

你可以對比著看兩本書，一本是清代大才子袁枚的《子不語》，還有一本是大才子紀曉嵐的《閱微草堂筆記》，也都是寫狐鬼神仙故事的。名氣也很大。但是一對比看就知道，完全不在一個檔次。

看《聊齋》的時候，經常會有一種吃驚的感覺，寫小說，這種事，在當時看來這麼不重要的事，但蒲松齡每次下筆，都有一種凜凜然的敬重。一字不苟且，一筆不草率。他心裡的讀者，一定不是當世的人。

蒲松齡對標的人不是寫小說的、也不是寫詩文的，他對標的是司馬遷。很多小說最後的那一段，「異史氏曰」，也是借鑑司馬遷的「太史公曰」。其實這兩個人都以一人之力，創立了中國文化的一種文體，更重要的是，在創立的時候，都極其孤獨，都是一個人，沒有知音，一桿筆面對千秋萬代，都花了一生的心血，都篇幅巨大，都是在寫的時候不知道它能不能流傳下去。但是他們都寫了。

借用司馬遷的那句話，「究天人之際、通古今之變，成一家之言」。要是不發這麼大的願，很難想像，蒲松齡能夠堅持得下去。

如果對標到司馬遷，就更能看得出蒲松齡的非同尋常。

司馬遷寫《史記》是孤憤之作，他被漢武帝施了宮刑之後，形同廢人，一腔才情沒處施展，全部撲到了寫《史記》上面。

但是蒲松齡的一生，並不是面對這樣的絕境。他的人生一直有很多可能性。科舉這條路，他一輩子也沒有徹底絕望。五十多歲的時候，他的妻子劉氏勸他，算了吧，別考了。他還問劉氏，難道妳不想做夫人嗎？現在有紀錄的，蒲松齡是考到了七十多歲，一直考到了走不動路為止。

做為一個在鄉間很受尊敬的讀書人，蒲松齡對於社會事務也非常盡心。他寫過《農桑經》傳播農業知識，編過《藥崇書》講解醫藥養生，還編過《日用俗字》、《婚嫁全書》，向村民普及文化。他平時還為老百姓寫過很多狀子，參加救災救荒。到七十多歲時，還在上書檢舉告發貪官。

回看一下蒲松齡的一生，十九歲春風得意，然後一路高開低走，從世俗的眼光看，他沒有什麼成就。如果換到一般人，心態早就崩掉了。但是蒲松齡沒有，一直那麼認真，每件事都認真，下筆的每一個字都認真。認真到就像他已經知道，這部《聊齋》在後世一定會光芒萬丈一樣。

我從十幾歲開始讀《聊齋》，蒲松齡一直是我的一盞燈。做平凡的事，就像做一件了不起的事一樣。過短暫世俗的生活，就像面對千秋萬代一樣。再普通的人生，也能夠打開無窮無盡的可能。大學時候，有一次，我偶然讀到蒲松齡的一句詩，當時就淚奔了。那是他生命的最後幾年，恩愛了一輩子的妻子劉氏先他而去。他來到亡妻的墓前，「欲喚墓中人，班荊訴煩冤；百扣無一應，淚下如流泉。」我想喊妳的名字，聽到妳的回答。我分開墓前的雜草坐下來，跟妳說說心裡的苦楚。但是我怎麼敲妳的墓碑，妳也不回答，我的淚止不住地流下來。

那是我人生中第一次體會到什麼叫天人相隔帶來的巨大悲傷。也是第一次知道，一個人的一生，不只是這一世，你還可以超出自己的生命大限，向親人、向後世，無論小聲地傾訴，還是大聲地呼喊。就算是對方聽不見，你還是有了屬於自己的深情的一生。

閱讀——從經典到經驗

閱讀如此美好，任何功利心、虛榮心的雜質都是對它的玷汙。

最近偶然讀到劉瑜的一篇文章，叫〈從經典到經驗〉，很具有顛覆性，把我心裡早就有但是不會說、也不太敢說的話說了出來。這篇文章，有點像那個小孩喊了一句：「國王什麼都沒有穿啊。」

我們先從「經典」兩個字說起。最近幾年，我們在做知識服務的過程中，經常會有人說：「你那叫碎片化的知識，求知還是要讀經典。」面對這種指責，我通常的回答只能是，我們做的知識服務雖然是碎片知識，但是當代人的時間就是碎片的，碎片時間不利用起來學習，難道用來打遊戲、打麻將才是正當的嗎？

你也聽得出來，這種回答的背後，是我也認為讀經典具有不由分說的正確性。之所以不讀，是因為當代人的時間不夠，碎片化學習只是權宜之計。

但是劉瑜這篇文章卻說，與其讀什麼經典，不如回到經驗。什麼意思？

估計你也翻開過一些所謂的經典著作，很多都晦澀難懂。比如我從大學時代就買了類似黑格爾的《精神現象學》、維根斯坦的《邏輯哲學論》等等，坦白地說真是讀不懂。多次翻開，基本翻不超過十頁就合上了。但是這麼多年，我從來沒有懷疑過經典本身的價值，要怪就怪自己笨、水平差。

但是劉瑜講了一句驚世駭俗的話：「世上本沒有經典，裝的人多了，也就有了經典。」

劉瑜不是一般人，正宗的清華大學副教授，科班出身的知名政治學學者。這話要是我說的，那就要被黑慘了。但是一個正經學者說出這番話，至少值得我們認真聽聽她的理由吧？

劉瑜的意思是：經典之所以是經典，不應該是因為有多少人讚美過它，而是它真的能幫助你認識當下的世界與自己。如果它不能做到這一點，要嘛是我們的功力還不夠，要嘛是它本身真的沒什麼。

承認這後一點，還是需要一點勇氣的。

為什麼有的經典，其實也沒有那麼好？大概有兩個原因。

第一個原因是，時代不同了。一本書之所以被認為是經典，通常都是因為作者對他那個時代的某個問題作出了回答與思考，是有背景和上下文環境的。一旦失去了這個背景，理解起來當然就有困難。更重要的是，時過境遷之後，如果它針對的那個問題消失了，它的思想銳度自然也就減少了。

經典之所以成為經典，一定是因為它縱向地拓展了那個時代人類的認知邊界。它可能是開一門學科的風氣之先，可能打破了之前的普遍認知，也可能發明了一種可靠的方法。但是多年之後，它不見得還是最好的表達方式，更不可能是我們這個時代的人掌握一門知識的入門讀物。比如，如果你想學習經典物理學，直接讀牛頓當年的著作還不如讀一本中學物理教科書來得精確、簡潔和易懂。

還有一個原因，就是方法的進步。比如，在二戰之前，基本上不存在大規模的民意調查、完整的宏觀經濟和社會數據、科學上嚴謹的統計技術，所以大多數經典的寫作方式只能是從概念到概念，從推斷到推斷，從靈感到靈感。這種寫作方式，往往能創造出很多很漂亮、很有啟發性的理論框架，但是很難檢驗這些理論的有效性。

那麼我們讀書究竟是為了什麼？如果說人類古聖先賢留下了那麼多知識遺產，我都要繼承，他們是一大桶水，我都想倒進我這只杯子裡，這種精神當然好，但是恕我直言，沒有一個人能夠做到。

我倒是覺得，讀書的目的是擴展自己認知的邊界，這也是學術界最提倡的「問題意識」。也就是對一個事情的真相覺得好奇，心中有明確的問題，然後借助一切可能的工具去探究。這些工具包括書，也包括書中的經典。

就像劉瑜，她是研究政治學的。她說，如果關心西方民主是真民主還是假民主，過去她可能會去讀盧梭、施密特等等大家的經典。但是現在她更傾向於去讀有關議員投票紀錄和民意測驗對比的研究、政治競選捐款的來源比例研究、投票率和社會階層關係的研究和議題媒體曝光度和總統的態度韌性研究。

這些研究也許討論的都是「小」問題，但是它們往往用一種有理有據、嚴格論證的方式來抵達那些「小」結論。這樣做往往更有效，也就是所謂「從經典到經驗」。

讀不讀經典，這是外界對你的評價。有沒有搞清楚真正好奇的問題，那才是你自己的收穫。

最後，還是引用劉瑜在那篇文章中的一句話來結尾——

「閱讀如此美好，任何功利心、虛榮心的雜質都是對它的玷汙。」

力量的來源

對力量來源的認知，決定了你能否抵達想要的世界。

同事給我推薦了幾部科幻小說。不是劉慈欣，也不是阿西莫夫和凡爾納，而是中國近代早期的科幻小說。

第一本叫作《月球殖民地》，一九〇四年發表，作者叫「荒江釣叟」，是個筆名，真人是誰我是沒查到。這本小說裡出現了很多當時已經發明出來的現代科技，比如電燈、電話、鐵路、照相術之類的。但是很有趣，一旦進入幻想的領域，你就好像是在讀古代的神怪小說了。

比如，這個小說裡最重要的交通工具——氣球，被作者寫得跟騰雲駕霧的神通術一樣。再比如，裡面有一個名醫開刀，給你的感覺就是《三國演義》裡面的華佗，不是醫術，而是仙術。但是不管怎麼講，這部小說還是被追認為中國第一部科幻小說。

其實這背後有一個演化脈絡。科學來到中國，是一八四〇年鴉片戰爭前後的事情，看到西方的科技，自然就能啟發中國人的科學想像力。所以，真要追溯中國科幻小說的源頭，其實還有更早的兩本。

第一部是《八仙得道傳》，出版在同治年間，也就是一八五六～一八七五年左右。那裡面就講到，雷公、電母還有一干神仙閒聊，說多年之後，電母要把電借給凡人來用，能千里傳音，能令晝夜顛倒，這就是通信和電燈嘛。而且神仙們對這事看得很開，因為電又不是電母的私有財產，她只不過是有「管理之責，支配之權」而已。要知道，那時候電報發明也沒多少年，愛迪生改良電燈泡還是稍後的一八八〇年的事。你看，這想法多現代。

還有一部小說，就更早了，是一八四七年左右俞萬春寫的《蕩寇志》，寫成的時候，鴉片戰爭結束也沒幾年。《蕩寇志》其實是《水滸傳》的一部「同人」作品，講的是怎麼幹掉梁山一百零八將的故事，跟水滸傳的意思正好相反。

有趣的是，裡面戰爭的打法是很現代的。比如，故事裡梁山來了個祖籍澳門的留學生白瓦爾罕，被宋江尊稱為白軍師，搶了吳用的飯碗，為梁山製造了一堆奇門武器。其中有門奔雷車，看描述相當於裝甲戰車，上面還裝了「落匣連珠銃」，又像機關槍，又像火箭炮。還有一種「沉螺舟」，能夠在水下航行，相當於現在的潛水艇。

白軍師這麼厲害，是怎麼被小說主角們打敗的呢？是一位精通機關之術的中國才女劉慧娘，這位慧娘善造「飛天神雷」，相當於迫擊炮加霰彈炮。你看，是不是很科幻？

這就是中國最早的科幻小說。那它和西方科幻小說有什麼區別呢？我們來對比一下。

公認的科幻小說之父，法國作家凡爾納的作品《海底兩萬里》，這部小說幻想了潛水艇。

你看出這和中國最早科幻小說的區別沒有？區別在於，力量的來源不同。

在凡爾納的科幻小說裡，真正的力量來源於知識，憑著這一點，一個人可以造出潛水艇，自由航行海底，與他眼中不正義的世界開戰。

但在中國人的科幻小說裡，真正的力量來源於人自身之外的東西，什麼神仙、世外高人。作者所能希望的，不過是普通人能夠得到這些力量的恩賜，來對抗這個世界上所有的邪惡和不公。

比如，在《月球殖民地》裡，氣球是一種神力產生的結果，它跟喜鵲為牛郎織女搭起來的鵲橋在本質上沒有區別。在《八仙得道傳》裡，電是神仙世界本來就有的一種力量，電燈、電報這些發明本質上是神仙授權給人使用電的結果，它也跟人類的知識進步沒有任何關係。

在《蕩寇志》裡，白軍師和劉慧娘，他們的武器其實是經過一種「奇技淫巧」加工出來的，至於到底是怎麼做出來的，內在的原理到底是什麼，主角和作者都不關心。

其實也不只是科幻小說了，再比如說偵探小說，也呈現出這種差別。

西方的偵探小說，從《福爾摩斯》到阿嘉莎．克莉絲蒂的作品，漸漸演化出一種「本格推理」的題材。也就是讀者和作者是站在同一個平面上，擁有一樣的線索，就看大家通過邏輯推理，誰能先發現犯罪的真兇。作者和讀者是公平地用智力在較量。

而中國的偵探小說，像什麼《包公案》、《彭公案》、《施公案》等等，雖然也有智力推理的成分，但是往往一到緊要關頭，就要靠點什麼江湖大俠、神魔妖怪來推進情節了。力量的來源，不是人本身。這就是觀念底層的差別。那個時代中國人的科學思維和邏輯思維水平，我們不能苛責，但是這也說明一個問題——我們經常誤以為，世界是力量組成的，所以擁有力量是根本。但實際上，對力量來源的認知，決定了你能否抵達想要的世界，力量來源比力量本身重要。

別覺得這是老生常談，我們觀察世界上的力量，經常會犯這樣的錯誤。

比如說商業，人人都想致富，但是不見得人人都理解商業的力量源頭。到今天為止，很多人仍然認為，商業力量的來源是資本，或者是一個企業老闆的智力、能力和魅力，總之是各種資源吧。看看那些財經小說和商戰電視劇就知道了，他們話裡話外都是這個意思。

但是，這不是商業力量的真正源頭。真正的源頭是什麼？是協作。一個企業的成功，不是因為它自己多厲害，而是有多少人和機構是它的同盟軍，有多少人期待它的成功。

比如Apple公司，遍布全世界的喜歡Apple產品的用戶，和它非常強大的供應商體系，才是它的力量基礎。

再比如說，我們「得到」App，我經常講，這個產品成功的標誌不是銷售額有多大、公司的估值有多高，而是這個時代最優質的知識服務者，是不是這家公司的同盟，這個時代最上進的人是不是這個產品的用戶。這才是力量的根本。

上面這兩個不同的理解，決定了我們對於商業的看法有根本不同。

如果商業的力量來自於某種資源，那麼越成功的公司就越是在打敗其他人，就越是在巧取豪奪。

但是，如果你理解商業的力量是來自於有效地組織協作，那商人和社會的關係，就是良性互動的。我們就會對商人有一份敬重，對他們的財富有一份理解，商業文明的建設也才可能真正起步。

還是回到科幻小說的話題。告訴你一個分辨好科幻和壞科幻的標準，如果它主要是在幻想一種強大的力量，不管想像有多新奇，都不是最好的科幻小說。如果是在一個新的力量基礎上，作者有能力想像人性、制度、文明的演化和博弈，那一定是值得一看的科幻小說。

故事是最符合人類心智的溝通方法

故事本質上並不是一種娛樂，它是人類給自己打造的第一個武器。

有一本暢銷書，哈拉瑞的《21世紀的21堂課》，引起過很多關注。在哈拉瑞的思想當中，有一個很根本的認知：人類文明的基礎是什麼？他的回答是：我們這個物種的虛構能力，說白了就是講故事的能力。宗教是故事、民族是故事、商業是故事、公司是故事，有關人類文明的一切，底層都是故事。

這個角度，乍聽起來有點反常識，但是一深想，你會發現非常有解釋力。

我比較深刻地理解這個角度，還是從我有孩子之後。我發現，孩子認知世界，一開始用的就不是對所謂真實世界的把握，而是通過一連串的故事。比如，我家孩子，我勸她們去刷牙，可難了，最有效的方式不是講道理，什麼「牙齒美白好看」、「牙齒健康」、「沒有蛀牙」，這都沒有用。

我們家的方法，是給她們買那種印有小白兔圖案的牙刷，然後告訴她們，再不去刷牙，天就黑了，小白兔的媽媽就要接它們回家，妳就見不著了。你看，人生是從一腦子的虛構開始的，然後用這些虛構的東西再去把握真實世界。

有本書叫《故事行銷聖經》。書的作者很厲害，是好萊塢的編劇教父羅伯特·麥基。既然是編劇，他當然是會講故事的。而麥基在故事中，又是對所有的概念研究最深入的。這本書不僅是告訴你，故事對人類有強大的說服力，更關鍵的是，麥基一路向前追溯，一直追溯到人類的進化史。通過這麼廣大的尺度，來探索故事的本質。這本書算是給出了「故事為什麼強大」這個問題的終極答案。

麥基認為，故事之所以能夠打動人，跟講故事的人技巧有多高關係不是那麼大，這是人類幾百萬年的進化已經決定的一個機制，故事是最符合人類心智的溝通方法，是人類從遠古時期就必備的生存工具。弄清這一點，你就明白為什麼說故事才是最有效的廣告手段，直到今天還是，未來也是。為什麼說人類一切文明成果的基礎都是故事。

故事的起源，其實要追溯到人類進化史上的一次重大基因突變。那是大概兩、三百萬年前的事，人類的大腦，中央神經系統突然高速增長。這個速度有多快呢？大概每兩、三千年，能長出一毫升的腦灰質和腦白質。腦灰質就是腦細胞，腦白質大概就是神經纖維。通俗地說，就是大概兩三百萬年前人類開始長腦子了。

長腦子這個事，其實並不符合當時人類這個物種的利益，因為大腦的能耗太高了，在食物資源很匱乏的情況下，供養這麼一個耗能大戶，能有什麼好處呢？對於簡單的生存，也就是捕獵和躲避天敵來說，並沒有什麼明顯的好處。所以，長腦子這件事，一定是後來創造出了一個意外的收穫，才會讓這個基因突變能夠持續下去。

什麼意外收穫呢？這麼多當時沒有什麼具體用處的腦細胞，突然湧現出了一個概念，概念就是「我」。

你可能會說，「我」這個概念有什麼了不起？難道動物沒有「我」的概念嗎？這個真沒有。

其他動物，只會對環境作出反饋，牠們沒有能力反觀自身。因為每個生命都活在自己的身體裡，身體對牠們來說是一個當然的存在。就像魚的世界裡，不會有水的概念一樣，生命的世界裡本來也不應該有「我」這個概念。

而人類這些突然爆發增長的腦細胞，閒著也是閒著，也沒什麼事幹，居然很逆天地開始審視自己，就是跳出自己的身體反過來看自己一眼，這就出現了反思，才有了「我」這個概念。

這個現象聽起來有點抽象，假如用專業進化心理學來解釋，恐怕要用上很大的篇幅。這裡我只能舉個例子，當你做夢的時候，你有沒有這種感覺，你好像會成為一個能感知到自我的觀眾，看著自己在夢中表演，這種感覺很微妙，好像你自己既是演員，又是觀眾。這種奇妙的感覺，就是你感知到自我的感覺。

養過孩子的朋友都知道，人類的嬰兒得長到二至三歲，才開始有清晰的自我意識，才知道怎麼用「我」這個詞，「我」這個概念是慢慢發展出來的。

你可以把「我」這個概念理解成一場小型的精神分裂，把人類的思想一分為二，一個是外在自我，一個是核心自我。外在自我是所有事件的參與者，依靠生存的本能覓食、捕獵、交配，而核心自我的職責就是觀察這個外在自我。比如你辦了一件事，失誤了，你就會責怪自己說，你這個傻瓜。這就是你的核心自我在責怪那個外在自我。

我們還是回到進化過程中。對於早期的人類來說，有了我，這種自我審視能力會帶來什麼呢？剛開始一點好處也沒有，帶來的只是無盡的恐懼。

因為「我」的概念一出現，人類就開始能把周邊同類的命運和自己的命運連起來理解了。我們通過理解別人來反思自己。

其他任何一種動物都不可能產生類似的感知，比如豬圈裡待宰的豬，其實豬的智力並不低，牠們眼看著同類一個個被宰殺，但任何一隻豬都不會覺得，有一天這會輪到我，因為在牠們的意識裡，根本沒有「我」這個概念，牠們不會對自己的存在有感知。別的豬被殺，那是環境中發生的一件事而已。這事跟我有什麼關係？牠們不會聯想到自己。

但是人類不同，眼看著同類生病、傷痛、死去，他很快就會意識到，總有一天會輪到自己，我們就有了同理心。面對外在的自然，打雷、下雨、洪水、地震、大火，他們也不會孤立地把這看成外在環境的一次變化，他們會想，將來我要是再遇到這麼可怕的東西怎麼辦？這個可怕的東西背後到底是什麼東西？這一切都既恐怖又神秘。

你想想我們這些老祖先，他們那麼恐懼，拿什麼安慰他，拿什麼來解決這種恐懼？當然就是給自己編故事嘛。

電閃雷鳴，背後是什麼神靈。生病遭災，背後是什麼鬼怪。人死之後，會到一個什麼新的世界等等。

那麼故事的本質是什麼？因為出現了自我意識，有了「我」這個概念，這就像當年的網路剛被發明的時候，當第一個節點出現了，它就一定要渴望鏈接到其他節點。鏈接到他人、鏈接到未來、鏈接到生前死後、鏈接到觀察到的一切事物。所有這些鏈接，都是虛構的故事。這張最原始的網路越來越大，人類就有了集體行動的可能，有了複雜協作的機制。整個人類的力量，都是這麼一點點發展起來的。

到了近幾千年，人類對自己才有了另外一番認識，我們覺得自己的本質是理性。我們總是想靠理性來說服他人，來把握世界。但是有一種人從來都不信理性，他們一直是靠故事來說服他人。誰啊？做廣告的啊。

古時候，我們相信求神拜佛，就會風調雨順。今天我們看廣告，還是會相信，用了這個牌子的化妝品就會變美，喝了這個牌子的飲料就會精力充沛，就會很酷。一個簡單的，不需要理性來證明的直接虛構的鏈接往往最有說服力。這就是故事。

現在看來，也許這幫做廣告的人他們才是對的。故事的本質並不僅僅是一種娛樂，它是人類給自己打造的第一個武器，也是永遠不會失效的武器。因為漫長的進化歷程，已經將人腦塑造成一部故事機器。到什麼時候，故事都是最符合人類心智的溝通方法。

人性不變，
我們心靈中柔軟的、
容易被觸動的地方就不會變。

如果你真的主張什麼，要什麼，
那就把它的魅力，呈現給所有人看，
看到足夠多的細節，這就夠了。
這才是真主張。

第 2 章

詩詞

〈江雪〉：隔絕外物、獨享美好

人性不變，我們心靈中那些柔軟的、容易被觸動的地方就不會變。在十幾個字、幾十個字的篇幅裡，就可以體味吟賞古往今來人類最美好的情感，這是我們中華文化中的人獨享的福分。

我們來試著解決一個棘手的問題：為什麼我們今天還要讀古詩詞？

你可能會說，這還不簡單，因為古典詩詞很美。對，可是你發現沒有，古典詩詞的美我們越來越難欣賞。造成這個現象，至少有兩個原因。

首先是音韻的變化。很多古詩的讀音和我們今天的普通話已經有很大的不同。比如說，蘇東坡那首著名的〈念奴嬌．赤壁懷古〉：「大江東去，浪淘盡，千古風流人物。故壘西邊，人道是，三國周郎赤壁。亂石穿空，驚濤拍岸，卷起千堆雪。江山如畫，一時多少豪傑。」你聽，句子是很美，但是幾乎沒有押韻。我們念起來，跟散文差不多。因為這首詞用的是入聲字作韻腳的，今天的普通話沒有入聲字，已經讀不出來韻律了。

還記得上大學的時候，我們隔壁班中文系的北方同學，因為北方方言沒有入聲字，所以要痛苦地背誦入聲字表，我們這些南方同學看見了就笑話他們。因為南方方言中，幾乎完整地保存了入聲字的讀音。很多用入聲字押韻的古詩詞，用我們家鄉話念起來，韻味就出來了。而北方同學就沒有這個福分。

音韻變化，不僅是押韻的問題，對詩意本身也有影響。比如，王維的那首著名的〈觀獵〉裡的兩句詩「風勁角弓鳴，將軍獵渭城」，用普通話念下來，你會覺得就那麼回事。但如果用粵語念一遍，感覺完全不同了。在粵語發音中，這十個字裡有四個字是g打頭的舌根音，七個字是ng韻母，這叫舌根濁鼻音。在廣東話中你是不是感受到了那種強勁的風聲和打獵時候拉弓放箭的聲音？但是，一旦回到普通話，這個意境就沒有了。

還有一點變化，也讓我們今天欣賞詩詞的能力下降了，就是古代詩人寫作時的很多情境，今天已經沒有了。比如，送別詩，這是古詩當中的一大類，圍繞送別這個情境，中國人發展出了一個非常複雜的符號系統。比如，古詩中一提到楊柳的「柳」，通常都和送別有關，因為「柳」的發音和留下來的「留」近似。

金陵酒肆留別 李白

風吹柳花滿店香，
吳姬壓酒喚客嘗。
金陵子弟來相送，
欲行不行各盡觴。

淮上與友人別 鄭谷

揚子江頭楊柳春，
楊花愁殺渡江人。

數聲風笛離亭晚，
君向瀟湘我向秦。

可是今天一看，別說柳樹了，就是送別這個場景也快沒有了。十九世紀的歐洲文學裡還經常有火車站「月台送別」的場景，這叫月台文學，也是因為那是生離死別的地方，情感張力特別大。但是今天坐高鐵連站台票都不賣了，因為沒有必要了。你上了火車，兩個人還是想念，接著微信裡聊啊。

對於我們這一代人來說，人不再分成眼前的人和離別的人，而是分成通信錄裡的人和不認識的人。除了異地戀的戀人和空巢老人，離別這種情感，幾乎已經從當代人的詞典裡刪掉了。

由此你想，古詩當中的一大部分，不僅送別詩，連懷遠詩這類想念遠方的人的詩也沒有情感基礎了。「獨在異鄉為異客，每逢佳節倍思親」、「今夜鄜州月，閨中只獨看。遙憐小兒女，未解憶長安。香霧雲鬟溼，清輝玉臂寒。何時倚虛幌，雙照淚痕乾」，欣賞這些詩歌的情感基礎會不會被抽空呢？

那倒也不會。因為文學的作用，本身就不是讓我們瞭解那些熟悉的東西，而是讓我們體驗那些不熟悉的東西，這樣詩詞才能豐富我們的體驗，擴展我們的生命。所以這些場景即使消失了，但是它們對應的生命體驗不會消失。

何謂生命體驗不會消失？我們來舉個例子。著名的送別詩：

送元二使安西　王維

渭城朝雨浥輕塵，
客舍青青柳色新。
勸君更盡一杯酒，
西出陽關無故人。

這種送別，尤其送別還要擺酒的場景今天不存在了。但是你讀這首詩，真的只有送別嗎？

整首詩的關鍵在這個「更」字，勸君更盡一杯酒。這分明是這場送別酒，已經喝到最後階段了。其他勸酒的詞，已經說完了，這才拿出了最後一個理由，你再喝上一杯吧，因為西出陽關無故人。

那奇怪了，既然有這個「更」字，前面幾杯酒的勸酒詞是什麼呢？其實就是這首詩的前兩句嘛。

我們還原一下這個詩意：來，我先敬你第一杯，因為「渭城朝雨浥輕塵」，早上剛剛下過雨，空氣多清新。來，我再敬你第二杯，因為「客舍青青柳色新」，此情此景，將來多值得懷念。就這麼一直喝到無話可說，不得不分別了，這才奉上最後一杯酒，「勸君更盡一杯酒，西出陽關無故人」。

體會一下這種話語的節奏感，前兩句勸酒詞藏在了寫景的句子裡。然後，更盡一杯酒，那種分別的無奈，那種不忍說出口但是最後又不得不說出口的話，西出陽關無故人，最後還是脫口而出了。整首詩這樣排布，力道才足。

我們今天即使沒有送別這種情景，送別也不擺酒了，但是這種教科書級別的對語言節奏感的把握，只要人性不變，我們對這種高妙節奏感的感受力就不會下降。這就是我們今天還要讀這首詩的原因。

這樣的例子再舉一個。也是著名的詩：

江雪　柳宗元

千山鳥飛絕，
萬徑人蹤滅。
孤舟蓑笠翁，
獨釣寒江雪。

這首詩，根本就不是寫景詩，因為萬徑人蹤滅，這個場景是沒有觀察者的，只有「孤舟蓑笠翁」。這是所謂的「造境之詩」，是詩人憑空造出來的一個情境，絕不是寫實的寫景。

如果非要說場景熟悉我們才能欣賞得了詩詞，那〈江雪〉這首詩，古人也欣賞不了，因為壓根就沒有人親眼見過這個情境啊。

自古至今，那麼多人覺得這首詩好，他們從這首詩裡得到了什麼？我覺得，是一種獨享權，獨自享受美好東西的權力。

千山鳥飛絕，把天上的事物隔絕開來；萬徑人蹤滅，把人間的事物隔絕開來；孤舟，把此地的同類隔絕開來；蓑笠，人在蓑笠之中，把外界環境也乾脆隔絕了。這還不夠，還要加上一場雪，還要有一場寒，把可能的紛擾也隔絕開來。所有這些詞，都是為了隔絕外物的，把這些詞都拿走了，就剩兩個字，「獨釣」——一個老翁，不著急，專注於此刻的目標。

我自己幹活幹到所謂有心流的時候，也就是渾然忘我、完全沉浸在此刻創造的愉悅的時候，最容易蹦到腦子裡的詩就是這首〈江雪〉。

欣賞這首詩不需要江，也不需要雪，只要我在隔絕外物、獨享美好的時刻，這首詩就是為我寫的。

人性不變，我們心靈中那些柔軟的、容易被觸動的地方就不會變。在十幾個字、幾十個字的篇幅裡，就可以體味吟賞古往今來人類最美好的情感，這是我們中華文化中的人獨享的福分。

為什麼是陶淵明？

陶淵明的隱居生活，不是建立在反抗什麼的基礎上，而是建立在喜歡什麼，因此他就樂在其中。

我們來聊聊陶淵明這個人。

中國人歷來對陶淵明的評價都很高。比如，現代美學家朱光潛說：「可以和陶淵明比擬的，前只有屈原，後只有杜甫。」你看，連李白也沒資格。宋代的蘇東坡就說得更過分了。他說，陶淵明這個人，李白杜甫也比不上：「李杜諸人莫及。」你看，杜甫也沒資格了。

不過，這個事也可以深究一下。我們平常都說，文無第一，武無第二，那憑什麼陶淵明的詩就那麼好呢？標準誰定的呢？

最近我讀了一本書，《塵幾錄》。聽完後，我對這個事有了新的理解。

原來，陶淵明的詩，並不是一直都有這麼高的地位，是到了特定年代，特定讀者才把他的地位捧到這麼高的。這是讓我吃驚的地方。

陶淵明身後，南北朝時出現了兩部文論經典，一個是《詩品》，一個是《文心雕龍》。《文心雕龍》對陶淵明隻字未提，而《詩品》倒是提了一筆，但只把陶淵明詩列為「中品」，評價一般般，就是良，而不是優。這個成績不算好學生。

到了唐代，陶淵明也僅僅是六朝眾多的著名詩人之一。說到田園詩，誰更受歡迎呢？不是陶淵明，而是謝靈運，而且謝靈運是壓倒性勝利。李白是謝靈運的鐵粉絲。直到杜甫出現，才把陶淵明和謝靈運並稱為「陶謝」。

陶淵明的地位，是什麼時候變得那麼高的？是宋代。宋代有了印刷術，很多原來流傳的文本都需要校勘之後再出版，所以宋代的知識分子就有了一項隱性的權力，就是在眾多流傳的版本中選自己喜歡的版本，甚至有的字句，還自己出手改。從某種程度上說，陶淵明的很多好詩，其實就是被宋代的知識分子這麼選出來，甚至是改出來的。

比如陶淵明最著名的那句詩：「采菊東籬下，悠然見南山。」這句詩流傳到宋代的時候，其實有兩個流行版本，一個是「悠然望南山」，另一個是「悠然見南山」，時隔久遠，大家也不知道哪個是正確的，哪個是陶淵明當時的版本。

這時候大文豪蘇東坡就說了，一定是「見」字，而不是「望」字。為什麼？因為「見」是個通假字，有兩層意思：一層是「看見」的「見」，還有一層是「出現」的「現」。比如「風吹草低見牛羊」。

用這個「見」字的好處在於，陶淵明采菊之時，南山不經意出現在視線中。一座真實的高峰，與一座精神的高峰，兩者不期而遇了。「見」字才符合陶淵明的境界。而「望南山」呢？意境就差點意思了，我抬頭一望，望見了而已。哪有什麼詩意？

蘇東坡在這個過程中，難道僅僅是一個斷官司的人嗎？其實，他也參與了創作。我們今天看到的陶淵明的詩就是這麼一點點地改出來的。改著改著，詩越來越好，陶淵明的地位也越來越高。

那下一個問題就來了，為什麼宋代的人，願意改陶淵明的詩呢？換句話說，陶淵明一定做對了一件什麼事，才讓後人願意在他的詩句上下功夫，施展才華，選、刪、改、創作、推廣、流傳。

陶淵明之所以被高度評價，還是有陶淵明自己的原因的，只不過，不一定純粹是文學上的原因。所謂「功夫在詩外」嘛。那這個原因是什麼呢？陶淵明做對了什麼呢？

我們提起陶淵明，腦子裡往往會蹦出來一個詞——「隱士」，什麼「不願為五斗米折腰」、「歸去來兮辭」、「田園將蕪胡不歸」等等，都強化了他隱士的這個人設。他不願意當官，願意歸隱田園，這是對中國古代知識分子特別有吸引力的一個行為方式。陶淵明就是因為成了這種行為方式的代表人物才被後世認可的。

但是問題又來了。既然您是隱士，您倒是隱啊，所謂「苟全性命於亂世，不求聞達於諸侯」嘛。既然不圖那些虛名，不要世俗的成功，不願意被人知道，你寫那麼多詩被人看到，這是在幹什麼呢？

要知道，那個時代，沒有微博、朋友圈，沒有印刷術，一個詩人要想大規模保留自己的詩作，那是很難的。陶淵明保存至今的詩文還有七卷之多，文體還很全。什麼四言詩、五言詩、辭賦、記、傳、述、贊、疏、祭文。如果不是自己刻意地保存、傳揚，是絕不可能的。您又不是什麼達官顯貴，您是個隱士。那陶淵明有那麼多東西保存下來，是刻意的，那他還是個真正意義上的隱士嗎？

陶淵明有一個叔叔叫陶淡，一生未婚，住在山裡，養鹿為伴。如果有人來看他，他就要躲起來。除此之外，我們對他就一無所知了。陶淡才更像個隱士。那個時代的很多真隱士都是這樣的。

我提出這個問題，不是在質疑陶淵明歸隱田園的誠意。事實上他就是這樣過了一輩子，他就是一位真誠的隱士。而是在說，人應該怎樣表達一種主張。

很多人選擇隱士這種生活方式，其實是對世俗生活方式的反抗。他們內心有句潛台詞：「你們掙錢，你們當官，你們做違心的事，你們拍馬屁，你們惶惶不可終日。我偏不。所以我歸隱田園。」這是很多隱士的內心戲。所以，他們的行動方式，就是我躲起來，我沒沒無聞，我跟誰都不打交道，來確立自己的存在感。

但問題是，這樣的隱士確實是真隱士。但他們真的擺脫了世俗嗎？其實並沒有，他們只是在以反抗的方式生活在世俗當中而已。

明白了這個道理，再來看陶淵明是怎麼做的。

他不是在反抗什麼，他是真的沉浸在隱居的田園生活中。你看他的那句話說得好，「田園將蕪胡不歸」。我家的田園要荒蕪了，我要種地。我要回去。他不是在反抗什麼，他是奔著一個自己的目標。

歸隱之後，他通過詩文，把自己歸隱後的生活像拍紀錄片一樣拍出來。他的歸隱沒在深山老林裡，而是離人們不遠，「結廬在人境，而無車馬喧」、「方宅十餘畝，草屋八九間」。平常幹什麼呢？不怎麼開門，就自己安靜待著，「白日掩柴扉，虛室絕塵想」。偶爾碰上人了，聊幾句，也都是農事，「相見無雜言，但道桑麻長」。陶淵明還曬娃，他四十幾歲的時候寫了一首詩，詩中就是數落自己的兒子，說老大十六歲了，一點都不愛學習；老二十五，沒人比他更懶了；老三老四也十三了，連六和七都分不清；老五九歲，完全是個吃貨，除了吃什麼都不顧。這樣的題材，他也往詩裡寫。和我們今天在朋友圈曬娃的心情，沒什麼區別。

還有，他有首詩叫〈乞食〉，就是要東西吃。「飢來驅我去，不知竟何之」，餓得發慌，不知道上哪去。然後走到了一位朋友家門口，「叩門拙言辭」，很糾結，吞吞吐吐。但這位主人很好，一下就明白了他的來意，給他好吃好喝。隨後呢，他如釋重負，「談諧終日夕」，也不再拙於言辭了，口齒也伶俐了。就這麼可愛的一個人。

這樣的陶淵明，我們才能說他真的喜歡歸隱的生活。即使生活不怎麼樣，再不如意，他居然能夠通過寫詩，把它們記錄下來，把情緒排遣出來。而在歷史上這麼做的隱士，陶淵明是第一位，也是做得最好的一位。

說到這兒，可以回答一開始提出的那個問題了：為什麼是陶淵明，被後世那麼高度評價？被宋代人反覆美化、傳揚他的文章？

因為陶淵明的隱居生活，不是建立在反抗什麼的基礎上，而是建立在喜歡什麼，因此他就樂在其中。

這是一個很重要的提醒。

有人喜歡通過激烈地反抗什麼、咒罵什麼、批判什麼來陳述一個主張，這樣的主張不管他說得多有道理，他其實並沒有什麼主張，他只是用一種自己也很不舒服的姿勢，生活在自己反對的東西裡而已。

這時候陶淵明告訴我們，如果你真的主張什麼，要什麼，那就把它的魅力，呈現給所有人看。看到足夠多的細節，這就夠了。這才是真主張。

一首詩能達到什麼樣的境界？

詩歌最神奇的地方，不是描寫這個世界，而是創造一個世界。

一首詩能達到什麼樣的境界？

拿一首大家耳熟能詳的詩來舉例子，張繼的〈楓橋夜泊〉。

「月落烏啼霜滿天，江楓漁火對愁眠。姑蘇城外寒山寺，夜半鐘聲到客船。」

這首詩意思非常明白，用不著我再解釋。

「月落烏啼霜滿天」，這是暗；「江楓漁火對愁眠」，這是明。「月落烏啼霜滿天」，這是動；「江楓漁火對愁眠」，這是靜。這個張力已經非常足。但是還不止於此。

「霜滿天」，你不覺得奇怪嗎？霜是凝結的，又不是雪，怎麼會是滿天呢？對，這裡寫的不是霜，而是那種寒氣逼人的感受，所以才叫「霜滿天」。所以，第一句看似是寫景，其實不是寫景。因為「霜滿天」這種不合常理的修辭手法，其實已經把人的感受帶進去了，這裡面已經讓你感覺有人了。

緊接著第二句，繼續推進。因為有人，有感受，這種感受緩緩甦醒、逐漸落實：「江楓漁火對愁眠」，江邊的楓樹和漁船的微光，和我這個有愁思的人相伴而眠。這兩句裡面就有一種暗藏的、演進的張力，就是人的感受的覺醒。那種原先若有若無的感受，被周邊的這些物象，「月落」、「烏啼」、「江楓」、「漁火」，漸漸地落實，原來睡在夢鄉中只是感覺寒冷，一醒之後才知道是人的愁緒。這也是一種張力。

還有一種張力。這個物象的排布，是從大到小的。「月落」，極大，這是宇宙級的現象。「烏啼」，烏鴉鳴叫在寒霜中，這是天空中現象。「江楓」，江邊的楓樹，這已經到了地上了。再一收，「漁火」，那星星點點的一點亮光，更小了。最後三個字，「對愁眠」，一個發愁睡不著的人，這個空間尺度更小，小到一個被窩那麼大。所以，這個張力是一個由大到小、逐漸收縮的過程。

這兩句鋪敘完成，然後，寺院的一聲鐘聲突然來到，「姑蘇城外寒山寺，夜半鐘聲到客船」。這鐘聲悠揚當中，當下的極小的一點寒冷孤寂，突然催發成了彌漫時空的身世感懷。整個詩的意境，完全被催發出來。這種逐漸收到極小，然後借著一個外力，突然放到極大的手法，像不像用詩意放了一次焰火？

這首詩這麼好，所以傳得也遠。我少年時，第一次去寒山寺，發現身邊有許多日本人，這才知道，原來這首詩在日本也是家喻戶曉。

但是，這都不是今天我要說的重點，我要說的是，什麼叫作「一詩一世界」。

首先來看這首詩的作者張繼。張繼這個人的生平事蹟什麼樣？兩個字，不詳，生卒年月，家世如何，不知道。如果不是這首〈楓橋夜泊〉，他可能就永遠埋沒在歷史的塵埃裡面了。這樣的人，在詩歌的世界裡很多。比如那首號稱「孤篇冠全唐」的〈春江花月夜〉的作者，張若虛，也是各種不詳。一個人的生命，是靠一首詩來傳世的。

再來看，這首詩歷來的一些解釋很有意思。有人說，這月亮都落下去了，烏鴉不都睡著了嗎？怎麼還在叫？所以，這「烏啼」，是一座山，叫烏啼山，在寒山寺附近；再來，「對愁眠」，這「江楓漁火」怎麼能「對愁眠」呢？一個是植物，一個是火光，這怎麼對啊？不符合句法啊。可見，這「愁眠」，也一定是個實物，有人就說寒山寺對面的山，就叫愁眠山。否則字義解釋不通啊。

這都是不懂詩的人的說法。他們不理解，就算你考證得再嚴密，就算寒山寺邊真有烏啼山，真有愁眠山，那也不是先有山，再有詩，而是先有詩，再有山。是因為這首詩，開闢了一個世界，這個世界才因此命名。

我們都聽說過一個詞，叫「現實扭曲力場」，是說Apple公司創始人賈伯斯的。跟他打交道，他有一項本事，能夠把活生生硬邦邦的現實給扭曲了，變成他想給你看到的樣子。其實，在詩歌的世界裡，這一點也不神奇。二十幾個字，讓一個不知名的詩人張繼名留青史，讓千年之後的外邦人趕來憑弔，讓寒山寺周圍的物象因此命名。就連寒山寺本身，其實這也不是它正式名稱。它的正式名稱是「普明禪院」，或者是「楓橋寺」，但是那又怎樣？詩歌的力量一旦播撒開來，沒有任何力量可以對抗，現在我們只知道「寒山寺」。

所以，詩歌最神奇的地方，不是描寫這個世界，而是創造一個世界。

關於〈楓橋夜泊〉這首詩，還有一場有趣的官司。北宋的大文豪歐陽修看了這首詩說，句子倒是好句子，就是有個破綻，「夜半鐘聲到客船」，哪有寺廟半夜三更敲鐘的？對啊。和尚也要睡覺啊，就算和尚不睡，半夜敲鐘，也不怕擾民嗎？不合常理。

因為提這個問題的是歐陽修，大家就格外重視，真就有人費心去考證——你看，唐代這個詩人的句子裡有夜半鐘聲，那個詩人的句子裡也有夜半鐘聲，你歐陽修是少見多怪了。

其實，無論是跟張繼較勁的歐陽修，還是跟歐陽修較勁兒的後來人，他們都誤解了詩的世界。詩的本事不是描寫，而是創造。「夜半鐘聲」再不合理，詩要是好了、成了，以後的寺院，夜半就得敲鐘，這就是現實扭曲力場。現在的寒山寺，新年夜敲個鐘，可貴了，還電視直播呢。那麼以前有沒有人敲鐘還重要嗎？

有一次我和張泉靈聊天。她說到王維的那首詩，〈鳥鳴澗〉：「人閒桂花落，夜靜春山空。月出驚山鳥，時鳴春澗中。」美吧？但是你要是非要挑毛病，你會說，這不是春山空嗎？春天怎麼會有桂花呢？

就這一問，可把那些給詩寫注釋的人忙壞了。找來找去，跑回來報告說，沒毛病，確實有一種花叫「春桂」，春天開花的呀。對。確實有，那種花學名叫「山礬花」，「春桂」是它的俗名之一。那這個問題解決了嗎？即使解決了，但是對詩的傷害更大。為什麼？

你再琢磨琢磨王維的這首〈鳥鳴澗〉：「人閒桂花落，夜靜春山空，月出驚山鳥，時鳴春澗中。」這首詩所有的張力，都在於春山的那個安靜和鳥的鳴叫之間的對比。每一個字都是在拉伸這個張力的。靜到了月亮出來都能把山鳥驚到的程度。

理解到這一層，你就明白了，為什麼要說桂花，因為桂花是常見花當中，花型最小的啊。桂花落，就是因為它的花瓣極小極小，落在地上沒有聲音啊，這是在襯托那個靜。如果你非要把這裡的桂花解釋為春桂，也就是山礬花，那我告訴你，山礬花的花型至少要比桂花大四倍以上。這首詩在事實上的破綻補上了，但是極言桂花之小、落地之靜，那種詩意就被破壞了，請問你要哪種結果呢？

有一次，我自己春天住在山裡，感受到了《鳥鳴澗》一樣的意境，雖然我知道，這個時候沒有桂花，但我明白，這個時候，桂花分明就在。因為我心裡念過王維的這首詩。

讀詩，千萬別和詩人較勁。詩人和我們不見得在一個世界裡。當你在挑他的破綻的時候，他根本沒空搭理你，他在創造他自己的世界。

一首好詩就是一處桃花源，
你在裡面可以住上好幾年，
不知有漢，無論魏晉，不足與外人道也。

一首好詩，就是一處桃花源

在一個中國文人的世界裡，世界萬物都被符號化了，所有的符號都有無窮的意義縱深，每一層意義縱深，都被拿來和其他意義雜交，編織在一起，形成新的意義。這在中國古典詩詞裡就稱之為典故。

詩歌可以創造一個世界，我們把這個邏輯再往前推一步，你想過沒有，詩歌本身就是個世界？

在中國詩歌中，有一個奇怪的現象：一首詩，它到底是什麼意思，主題是什麼，誰也說不清楚，吵了上千年也沒個結果，但是它就是一首很有名的詩。最典型的代表，就是李商隱的〈錦瑟〉。

歷來說李商隱的人，對這首詩總是津津樂道，但是只要追問它的主題，就只能是一通瞎猜。我上大學的時候，我們古典文學的老師就說，別猜了，猜對了李商隱也不能活過來對你點頭說ＹＥＳ，恭喜你答對了。這種詩，你就吟誦，感受它的音韻之美就好了。當時我聽到這個言論，內心真的是崩潰的。

「錦瑟無端五十弦，一弦一柱思華年。莊生曉夢迷蝴蝶，望帝春心託杜鵑。滄海月明珠有淚，藍田日暖玉生煙。此情可待成追憶，只是當時已惘然。」

多美。這就夠了。

其實李商隱還有十幾首無題詩，也是這樣。我們都知道的那首「相見時難別亦難，東風無力百花殘。春蠶到死絲方盡，蠟炬成灰淚始乾。」就是無題中的一首。也是音韻美妙，但是不知所云。其實也不只是李商隱，杜甫的著名的《秋興八首》也有點這個意思，意義並不那麼明朗，但仍然是千古絕唱。

但是，現在回想起來，我們老師當年那句話還是說得不確切。名作的主題不明確現象的確存在，但絕不僅僅是因為詩音韻美好，還因為它是一個符號網絡。我們就來解釋一下。

這就要說到中國文化的特殊性了。

其他文化的語言文字基本都是一體化的，就是說，文字是從屬語音的。文字的作用只是為了把語音記錄下來。但是中國的文字不同。商代的那些甲骨文，它出現的根本目的不是為了記錄語言，從它誕生的時候就是一套帶有神秘性質的符號系統。

此後，中國文化的發展，文字和語音是兩套獨立的系統。開始，不是所有的語音都有文字可以記錄。反過來一樣，不是所有的文字，都有對應的語音。

我記得有很多這樣的甲骨文。其中有一個字，意思是「一個女人出門被毒蟲給咬死了」，這麼一組意思只是一個字。這個字，當然就沒有對應的語音。這樣的字，後來消失了，但是類似的文化現象，在中國一直都有。

比如，你見過那個把「招財進寶」四個字組合成的一個符號吧？它沒有對應的讀音。當然，也可以發明讀音了。比如陝西人吃的biangbiang麵，但是這個讀音是臆造的，這個字本身就是個符號。如果你看過道士畫的符，你就明白這種語言文字分開發展的特點是什麼意思了。

當然，後來隨著文化的發展，留存下來的符號，都有了讀音。但是這個裂縫並沒有彌合，中國文化中符號和讀音仍然是兩個平行發展的系統。我們現在看到的古代文言文，不是因為我們離古代遠了才看不懂，古人要想運用文言文，跟我們現代人一樣，也得經過艱苦的長期的訓練，他們平時也不那麼說話。所以才有白話和文言的分野。

理解了這個原理，你就明白了，為什麼中國沒有創世史詩。古希臘文明有《荷馬史詩》，巴比倫文明有《吉爾伽美什》、印度文明有《摩訶婆羅多》、《羅摩衍那》，都是大長篇。但是中國呢？創世神話盤古開天地，就那麼幾個字，而且成形還非常遲。

過去，我們都覺得這是中國文化的一種遺憾，我們沒有美好的、長篇的創世史詩。但是，理解了中國文字的獨特來源，你就知道，這一點也不奇怪。其他文明的文字都是記錄聲音的，當然，說書人說多少，就記下來多少，這個說書人也說，那個說書人也說，創世史詩當然就像鬍子一樣越長越長。而中國文字，一開始就獨立發展，有創世傳說記下來，也就是寥寥幾個字。

那是不是在文學上，中華文明就技不如人呢？恰恰相反，我們發展出來的獨特的符號系統，是一棵不斷成長的樹，後人在一些原始符號上，不斷往上疊加意義，不斷重新闡釋，變成了一個極其複雜的語詞的、符號的、語言的叢林。

舉個菊花的例子，菊花就是一種植物，但是中國人一路把「菊花」這個符號不斷演化。到了屈原，一句「朝飲木蘭之墜露兮，夕餐秋菊之落英」，這菊花的品格立即就變得高尚起來；接著，陶淵明一句「采菊東籬下」，馬上讓菊花有了隱士的品格；再來，孟浩然一句「待到重陽日，還來就菊花」，菊花又成了秋天的象徵；杜甫一句「叢菊兩開他日淚，孤舟一系故園心」，菊花又代表了悠悠歲月；到了晚唐，黃巢的一句「待到秋來九月八，我花開後百花殺。沖天香陣透長安，滿城盡帶黃金甲」，菊花又有了沖天的殺氣；到了明朝，梅蘭竹菊，號稱四君子，菊花的文化意義進一步豐富。

一提起這個菊花的「菊」字，有中國文化修養的人，瞬間能聯想到的符號，幾乎是無窮豐富的，意蘊複雜到了極點。

都說外國人學中文難，難在哪兒，就在這裡。認字只要記憶力好並不難，難的是，逐步走入這個符號的原始森林。那個深度，是沒有盡頭的。

在一個中國文人的世界裡，世界萬物都被符號化了，所有的符號都有無窮的意義縱深，每一層意義縱深，都被拿來和其他意義雜交，編織在一起，形成新的意義。這在中國古典詩詞裡就稱之為典故。法國哲學家羅蘭．巴特說，「書面語言就是一些符號的紡織品」，這用在中國詩詞上，非常貼切。就是像錦緞一樣的紡織品，各種原始符號被雜交在一起。

理解了這個過程，你就明白了，為什麼中國的詩歌到了唐朝就能極盛。那些符號像大樹一樣，開枝散葉，不斷地長，不斷地長到枝繁葉茂，到了唐朝，中國文字的遣詞用字的表現力達到一個高峰。那為什麼唐朝之後衰落了呢？不是文人的創造力衰落了，而是符號意義堆疊到了一個負擔太重的程度。

晚唐詩人李商隱，用典故用得已經到了讓後來的注釋者都受不了。有人嘲笑李商隱，說他作詩就像「獺祭魚」。什麼意思呢？傳說，水獺這種動物有一種習慣，經常把捕到的魚陳列在岸上，像陳列供品一樣。這叫獺祭魚。這用來說李商隱寫詩時，也要把書鋪得滿地都是，幹嘛？找典故。所以，後來中國的詩人就有一個不成文的約定，「唐後無典」，唐朝之後的事，我們就別當典故寫在詩裡了，那是誰都受不了的軍備競賽。我們比學問，就用唐朝之前的典故就好了。

理解了中國符號、語言、典故的這個由來，我們再回頭看李商隱的〈錦瑟〉，你還覺得它的主題不明還是個問題嗎？就說其中的一句，「莊生曉夢迷蝴蝶，望帝春心託杜鵑」。短短十四個字，其中包含的符號：莊子、莊生夢蝶、莊子所在的楚國、夢境、望帝杜宇、杜宇幻化的杜鵑鳥、蜀國、春天、莊子所代表的清醒、放達、杜鵑啼血的故事代表的憤恨、哀傷。所有這些東西化合在一起，何況後面還有無窮無盡的深度。

為什麼沒有明確主題的詩，就像〈錦瑟〉也能是好詩？有沒有主題有那麼重要嗎？

這個足夠繁華富庶的符號叢林，本身就是一個足夠大的世界，一個有詩情的人、一個有欣賞能力的讀者，就足以在裡面流連忘返了。所以一首好詩就是一處桃花源，你在裡面可以住上好幾年，不知有漢，無論魏晉，不足與外人道也。

一個俗人，怎麼成了聖人？

歐陽修的一生，其實給我們示範了一條世俗人登上人生高峰的道路。

我的朋友章敬平出了一本書，《歐陽修傳》。

我認識章敬平很多年，在我印象中，他是一位記者、律師，也曾經在著名的網路公司就職。但是萬沒想到，這幾年他居然又跨界研究歷史，寫出了這本《歐陽修傳》。

我問他：「歷史上有那麼多人好寫。你為什麼偏偏要寫這位歐陽修？」

他說：「因為歐陽修是個很世俗的人，但是最後成了聖賢。那在我們今天這個世俗社會，他的故事能不能為我輩俗人指引一條上進的路呢？」

這話聽著有意思，歐陽修是個俗人？這一點我還真是第一次意識到。我們印象中的歐陽修是大文豪、唐宋八大家之一、大歷史學家，編過《新唐書》和《新五代史》。他怎麼會是個世俗的人呢？

書裡講了很多事實。比如剛剛考中科舉開始做官那會兒，歐陽修在洛陽，愛看花、愛喝酒、愛往歌伎群裡紮。朋友給他起了一個綽號，叫「逸佬」。這個「逸」，是驕奢淫逸的「逸」。你可以想像，年輕的歐陽修在朋友眼裡是一副什麼樣子。

歐陽修的詞，那確實是豔詞，什麼「淚眼問花花不語，亂紅飛過秋千去」，什麼「人間自是有情癡，此恨無關風與月」，這要不是在脂粉堆裡泡得久了，確實是寫不出來。比他晚一輩的人，像司馬光那樣的聖賢人物，就肯定寫不出這種調調兒的詞。

這是私德。那做為一個政治家，一個官員，歐陽修的表現怎麼樣呢？只能說表現正常，談不上多突出，文治武功至少比他的官場大哥范仲淹差遠了。

歐陽修這一生官位也不小。歐陽修和宋仁宗皇帝相處三十四年。對皇帝，他是既敬畏又忠誠，有時候也拍皇帝的馬屁，跟那些世俗的官僚相比，也沒有什麼太多的不同。為了贍養老母親，為了改善家庭生活，歐陽修努力工作，渴望升官，渴望得到更高的薪資待遇。政治品格只能說是正常，沒有汙點，也沒有亮點。就這麼個人，你說是不是一個世俗的人？

講到這裡，一個問題就產生了。那歐陽修憑什麼有那麼高的歷史地位呢？論起詩文，除了那些豔詞俗曲，就是〈醉翁亭記〉中的「醉翁之意不在酒，而在乎山水之間也」最有名，意境也談不上多麼深遠。他怎麼就能是一代文宗呢？曾國藩為什麼能把他列為「千古三十二聖哲」之一呢？

看了章敬平這本《歐陽修傳》，我才明白了，歐陽修之所以有那麼高的歷史地位，是因為他為中國文化創造性地明確了三個原則，那就是：正統理論、忠君思想、名節觀念。

具體的理論，就不多說了。簡單理解就是三件事：

當皇帝的，你是不是符合那個一以貫之的歷史標準？這是正統理論。

當臣子的，你是不是徹底地，無保留地忠於皇帝？這是忠君思想。

每一個普通人，你是不是按照嚴格的道德標準度過一生？這是名節觀念。

這些原則，我們今天聽起來，肯定不喜歡，不舒服，甚至覺得很腐朽。但是，後面一千年，中國文化的這些基本原則，就是從歐陽修這兒明確起來的。至少他是一個很重要的人物。

就拿忠君思想來說，宋代之前的儒家，多多少少還認為，忠君不是一個絕對的道德要求。你忠君的同時，皇帝也得是那麼回事才行。皇帝太不像話，上天是要換人當皇帝的。從漢朝到五代十國，換皇帝的戲碼反覆上演，背後其實是有這麼個理論在支撐的。

但是，到了歐陽修這裡，忠君就變成了無條件的了。確實，宋代以後，中國的內部果然就沒有成功篡位的臣子了。思想轉彎就是從歐陽修這裡開始的。

正統、忠君、名節，這些詞在我們這代人聽起來非常迂腐。那歐陽修是個迂腐的人嗎？還真不是。在歐陽修那裡，這一套觀念系統，其實是一個根本性的解決方案。解決什麼？解決五代十國那樣的亂世。

在北宋那一代知識分子看來，五代十國時期，雖然只有短短幾十年，但是皇帝換了一大把。那個時代君不君、臣不臣、父不父、子不子。部下殺皇帝就像殺豬一樣稀鬆平常。這樣的世道誰願意在裡面待著，不但皇帝的寶座保不住，老百姓也會生靈塗炭民不聊生。

那怎麼辦呢？宋代開國皇帝趙匡胤搞杯酒釋兵權，是一個權宜之計，但這不是長久的辦法。要想社會徹底轉型，從亂世變成一個穩定的社會，最終還得在思想上轉彎。所以你就明白了，為什麼宋代的儒家，最終搞出了全套的理學體系，這是最大的政治背景。而歐陽修就是這個思想轉型的開創者。更準確地說，正統理論、忠君思想、名節觀念，這不是歐陽修一個人的發明，這是儒家思想演化到宋代這個時期，出現的一個共識。歐陽修只是系統地、準確地、持之以恆地把它表達了而已。

這個觀念系統就很有意思了，普通人被私德約束，士大夫被名節約束，大臣被忠君思想約束，君主被正統約束。這套東西，最終為每一個中國人，尤其是上層士大夫，確立了一套環環相扣的行為準則。道德不再是私德，每個人的道德和一個更大、更宏觀、更超越時空的價值聯繫起來了。

我舉兩個例子，你就知道，中國人的道德觀在歐陽修這裡發生了什麼樣的轉型。

北宋年間，有一個著名的將軍叫狄青，這是一個從奴隸到將軍的傳奇人物。皇帝把他提拔為武裝部隊最高指揮官，就是樞密使。在重文輕武的宋代，一個武將能到這樣的位置，本來是一段非常難得的佳話。但是歐陽修不幹，三天兩頭給皇帝打報告，趕狄青下台。

是因為歐陽修覺得狄青這個人差勁嗎？不是。

歐陽修這麼做，一方面是對國家負責，他認為武將掌握軍權對國家不利，對皇帝不利。這個教訓五代十國時期有的是。另一方面，他認為這也是為狄青好。他擔心狄青這樣沒有讀過多少書的武將，原則性不強，被手下蠱惑，一旦像趙匡胤那樣黃袍加身，變成了亂臣賊子，丟了晚節，就可惜了一世英名。在歐陽修看來，他是在保護狄青。

還有一個事，歐陽修還對我們大家都很熟的包拯包青天動過手。

包拯曾經彈劾過當時的財政部長，趕他下台。皇帝說，你覺得他不行，那你自己來吧。包拯說，可以啊，我來就我來。

這本來沒什麼吧？歐陽修又不幹了。他跳出來說，你彈劾別人，然後取而代之，那你原來彈劾他的動機就存疑。這就是有損名節的大事啊，所以這個財政部長，你不能當。

你看，這兩個故事有兩個共同點：

第一，歐陽修和他攻擊的對象之間，沒有什麼私人過節。

第二，歐陽修也不認為他攻擊的對象，有什麼私德上的過錯。

歐陽修對他們發難的原因，是對方的行為有損「名節」。換句話說，就是你的這些行為在私德上沒有過錯，但和那些更高、更大、更久遠的原則衝突了。

說到這兒你就明白了，歐陽修強調的名節，不是用來欺負普通人的，不像理學發展到後面，非要女人裹小腳，而是束縛那些大人物，那些肩負社會責任的人的。這哪裡是迂腐？這是歐陽修那一代知識分子對中國人行動規範的重要貢獻。

最後來說一點我讀這本《歐陽修傳》的感慨。

一個俗人，怎麼也能成為聖賢？不是說，你要活得毫無瑕疵。歐陽修的一生，其實給我們示範了一條世俗的人也可以登上人生高峰的道路。簡單說就是四條：第一，精準地判斷出時代的問題；第二，找到解決這個問題的潛在共識；第三，嘗試把這個共識清晰地表達出來；第四，堅持這個共識，把它變成你判斷一切事情的清晰原則。

歷史從來都不會辜負這樣的判斷者、表達者和堅持者。

人們明知道語言文字會歪曲原意，
但是為了交流，又不得不用語言文字。

第 3 章

語言

語言的切換

對不重視、不熟悉、不講究的事物，人們的分類就會比較粗泛。相反，語言中就會有詳細繁雜的分類和相應名詞。

大家有沒有發現一個現象，你入職大公司之後，往往要起一個英文名字。早期這個習慣是在外企流行的，這個好理解，中國人起一個英文名，便於和他們的外國老闆交往。但是後來，像騰訊這樣地地道道的中國公司也是這樣，全公司都是英文名：Pony、Tony、Daniel等等。於是有人就覺得，這是虛榮心，是崇洋媚外，假裝高端洋氣。

但是後來像阿里巴巴這樣的公司，每一個人入職之後也要起一個花名。剛開始是武俠小說裡的名字，什麼風清揚、逍遙子，後來阿里公司變大了，武俠小說裡的名字不夠用，連網路小說裡的名字也拿來湊數。

這麼做到底是為什麼？要想理解這麼做的用意，我們先從一個航空事故說起。

一九九七年八月，韓國大韓航空的一架飛往關島的飛機在降落時遇到大雨。這個飛行員多次飛過這條航線，大雨又不是什麼了不得的大麻煩，所以他也沒太在意。但是很不幸，這架飛機撞上了機場附近的山，機上人員二百五十四人共有二百二十八人遇難。

事後調查發現，主要責任是機長的，當天他非常疲倦，作出了一系列錯誤的決定。更重要的是，其他機組人員是發現了問題的，而且他們也提醒了機長。但是重點來了，他們提醒的語氣非常委婉，簡直就是暗示。

韓國是一個權力、等級意識強烈的國家。在他們的文化傳統中，副機長和機械師絕對不會對他們的上級——也就是機長——用直接、生硬的語氣說話，那被認為是失禮。在正常的環境下，機長可能不難聽出下級的話外音。但在當時，機長非常疲倦，情況又非常緊急，他沒能聽出下級委婉語氣中的真實訊息，沒能及時修正錯誤，最終釀成大禍。

這種語言表達上的委婉，我們中國人是很好理解的。我看過一個史料，二戰的時候，美國派到中國的將軍史迪威和蔣介石的關係搞得非常僵，其中一個原因，就是史迪威覺得蔣介石說話不算話。他跟蔣介石說個什麼事，蔣介石都說好，但事後又壓著不辦。史迪威就發火了，去找蔣介石。蔣介石說，我說好是我知道了的意思，不是我同意的意思。東方文化這種隱秘的委婉表達，在西方人聽來簡直不可理喻。

講回那場空難，大韓航空公司在事後痛定思痛，決心進行徹底的改變。他們請來了美國專家，制定了針對性的措施。其中最重要的一個措施就是要求所有機組人員，在工作時使用英語。

兩個韓國人在一起說英語，看起來的確有些怪異和做作。但只有這樣，才能徹底消除語言中無處不在的等級意識。況且，英語是世界航空界的通用語言，機組人員和機場塔台指揮人員的交流反正也要用英語。這就可以最大限度地避免錯誤理解。

語言是文化的載體。韓國文化等級意識強，這會體現在語法、用詞、語氣、稱呼各個方面。這是很難突破的，因為人的思維無法脫離語言。所以最終不得已，像大韓航空這樣乾脆使用另一種語言，倒也是一種捷徑。

我們漢語其實也類似，有很多原來的文化印記。記得我們公司CEO脫不花跟我說過當年她剛到北京時的一件事。她在北京的胡同裡問路，說：「大爺，去某某地方怎麼走？」同行的北京人就提醒她，說這樣說話不禮貌。這有什麼不禮貌的？那位同事就說，在北京胡同裡問路，得先攀個交情。「大爺，您在曬太陽啊？喲，您這身子骨可真好。您吃了吧？」對方有回應之後，才能問路。

當然，現在這些老禮已經被大大弱化，但還是殘留了很多印記。比如，中國人在親戚中的稱謂，舅舅和叔叔完全不同，一個是姻親，一個是宗親；伯父和叔父，也一說就知道誰大誰小。英語中則籠統地用Uncle稱呼。也就是說，在說英語的人心目中，中國人看來各不相同、應該嚴格區分的一大堆親屬，沒什麼區別，都是一種男性的親戚而已。

對不重視、不熟悉、不講究的事物，人們的分類就會比較粗泛。相反，語言中就會有詳細繁雜的分類和相應名詞。阿拉伯語中，「駱駝」有幾十個名詞；據說因努特人的語言中，關於「雪」的稱呼也有幾十種。這些情況在漢語中就不會出現。

可以想像一下，外國人讀《紅樓夢》時，對其中人物的種種親屬關係的迷惑。中國的「紅迷」如果願意的話，可以畫出一個清晰的示意圖，把所有人物彼此的親屬關係表達得一清二楚。當然，前提是要用漢語，如果用英語，這個任務估計無法完成。

各大語言中，英語的特點是平等意識很強，這是因為幾百年來英語被廣泛應用於商務活動。

一九九八年，德國汽車公司戴姆勒—奔馳兼併了美國汽車公司克萊斯勒。這次合併本來以德國公司為主，但合併後的新公司卻以英語為工作語言。而且這不是個案，西門子、大眾汽車、德意志電信、德國化學公司和德意志商業銀行等大公司，都把英語做為工作語言。

有一次我遇到一個德國朋友，特意向他請教這個問題，為什麼德國公司要用英語做為工作語言？他有點尷尬地說，德語中鼓舞士氣、號召奮進的詞，基本都被希特勒用濫了。一用德語說這些話，大家就感覺怪怪的，產生種種不良聯想。因此只好轉而用英語，不然公司連鼓舞士氣的會議都開不好。

當然，德國人工作中說英語一定還有其他原因，比如更適應國際市場，表述商業詞匯更加精準等，但德語和英語代表不同的文化性格，肯定是重要原因之一。

這樣我們就可以解釋我們提出的問題，為什麼中國公司也要用英文名或者花名。

首先，是為了增加對公司的認同感。名字是最深的自我認同，名字都改了，自我的身分認知就會發生切換。但是更重要的一個原因，是不必互相稱某總、某兄，直接稱呼英文名或者花名，讓溝通效率提高，也營造了一個平等自由的溝通氛圍。一個組織的打造，首先就是要完成這種文化上的轉換。

最後再舉一個例子，最近我在看散文家王鼎鈞的回憶錄。他說到，抗戰的時候，他們學校也要搞軍訓，他發現軍隊裡的那套行為舉止非常新鮮特別。

比如，依照中國家庭歷代相傳的規矩，子弟不可以瞪著眼睛看長輩的臉。現在，教官的命令是：「看我，看我的眼睛，眼睛睜大，不許眨眼。」你只好勇敢地、放肆地，甚至兇惡地看著他，讓他滿意。

依照傳統的教養，在外面對長輩說話，要輕輕走到他身邊，用很低的聲音陳述。軍訓則不同，你要在六步之外停止，立正，大喊：「報告！」聲音像吵架一樣。

一般來說，家庭訓練要我們穩重、從容，舉手投足畫出的虛線是弧形。而軍事動作直來直去，有稜有角，避免一切迂迴浪費。當你按照軍隊的禮儀，伸手去接一樣東西時，看上去直來直去，似乎很不耐煩。

這下你就理解了，軍訓的第一個項目，就是要訓練你大聲說話。它是為了讓你脫離民間的習慣系統，用這種方式把你從原來的文化中連根拔出，再讓你融入到一個全新的系統之中。

名字為什麼很重要？

只有給對方命名，叫出對方的名字，才能把它從混沌的外部世界分割開，單獨召喚到我們面前，它才能被我們認識。

最近，我和同事閒聊到一個話題，就是十幾年前的「冥王星降級」事件。

我們這代人小時候上學都學過，太陽系有九大行星，最外面的那顆就是冥王星。這顆星是一九三〇年被發現的。但是到了二〇〇六年，國際天文聯合會決定把冥王星從行星裡開除出去，降級成一顆矮行星。從此，小學課本就改了，太陽系只剩八大行星了。

這件事情在當時的爭論很大。有人說不就是個名字，改什麼改？不管是行星還是矮行星，冥王星不都是那顆遠在幾十億公里之外，圍繞著太陽運行的天體嗎？不管叫什麼，既不改變它本身的屬性，也不影響我們對它的觀測，為什麼好端端的非要改名。我上學背書考試，好不容易學到的知識，你們說改就改了，這是不是你們天文學家在刷存在感呢？

那麼我們聊聊，名字真的那麼重要嗎？先說結論：是的，名字真的就這麼重要。改和不改，就是不一樣。

先來看看「名字」的「名」字是怎麼來的。《說文解字》的解釋是：名，自命也。從口夕，夕者，冥也，冥不相見，故以口自名。這句話的意思是說，古人都生活在熟人社會，一個村子規模很小，大家都相互認識。白天不需要名字，大家可以通過長相、動作判斷一個人的身分。但是到了晚上，兩眼一抹黑，兩個人相見只能靠報出彼此的名字來區分敵我、確認身分了。

所以命名的本質是把我們的主觀世界客體化的過程。有了這個名字的客體，我們才能展開與陌生人的合作。

在給一個東西命名前，這個東西的所有特徵都存在於我們的主觀世界裡。比如，某個人是矮個子、長頭髮、黑臉膛、跑得快、爹是誰、親戚是誰等，這是一大堆亂七八糟的特徵，既沒有秩序，也無法窮盡。當我們共同說起一個人的時候，說半天也說不清楚是不是同一個人。而一旦我們給他起了個名字，比如用「張三」來稱呼他，就相當於把一大組特徵打了個包，投射到了這個名字上。大家公認，這個人是張三，這就可以討論了。至於對他的各自的主觀印象，各自想各自的，不一致也不要緊。

所以名字可不是什麼虛擬的東西，它僅僅是個符號，它是一種客觀實在，而且是人類社會陌生人大規模合作中最重要的客觀實在。

《百年孤寂》開篇有一句經典的話，是這麼說的：那個世界如此嶄新，許多東西都還沒取名，提及時得用手去指。

設想一下當時的情景，因為所有的東西都沒有被命名，外部世界就是混沌一片。什麼可以信賴，什麼不可信賴，哪些安全，哪些危險，所有這些都無從得知。這個階段，人們對於外部世界的認識一定非常有限。怎麼辦？命名嘛。只有不斷給事物命名分類，外部世界才能從混沌變得可知。

這樣說可能有點抽象，我再舉個例子，就說天上飛的鳥，剛開始的時候，我們把所有帶羽毛、會飛的都叫「鳥」。但是鳥在天上飛，人是抓不住的，想深入研究是不可能的。

怎麼辦？分類，然後命名，確定門綱目科屬種，一路命名下去。結果是，一個鳥類學家，站在地上看一眼天上，就能分清楚飛過的是什麼鳥。比如一隻鳥，背部和面部的羽毛顏色是翠藍發亮，爪子是赤紅色的，嘴形又長又尖，而且又是在水邊發現的。通過這幾個簡單的訊息，鳥類學家就可以作出判斷了：翠鳥。如果這鳥眼睛上邊的羽毛是藍色，而不是橙黃色的，那還能進一步判斷——斑頭大翠鳥。鳥類學家不用真的把這隻鳥捉到，觀察牠的所有細節，就已經可以開始認知和研究。人們對於鳥的認知水平，一下子就上升了。所以有人說，學科進步的第一步就是命名。

事實上，有些偉大的科學進步，本身就是命名。比如，提出「熵」這個概念，就是對一組現象的命名，僅僅提出這個概念就已經是科學的重大進展。

文化人類學上有一個有趣的發現，各個民族的神話都有一條通行的規則——妖魔鬼怪出現時，如果你能叫出它的名字，它的魔力就會減損大半，甚至完全喪失。反過來，如果你被對方叫出名字，你的力量也會化為烏有。回想一下《西遊記》裡好像就有這樣的情節，妖怪叫孫悟空「孫行者」時，他是一定不能答應的，一旦答應就要被收服。

這就是名字的作用。只有給對方命名，叫出對方的名字，才能把它從混沌的外部世界分割開，單獨召喚到我們面前，它才能被我們認識。

還不僅僅是認識這麼簡單。名字既然是一個實體，它對現實世界就一定也有反作用。

我曾經看過一個對比中國和西方國家禁毒工作的研究。研究結果發現，很多國家禁毒的效果比中國差得遠。這當然是很多因素共同作用的結果，但那篇文章還提到了很有趣的一點，就是漢語和英語裡對毒品的叫法不同。漢語裡，毒品被稱為「毒」，毒藥的毒，一聽就給人這東西有害、要遠離的感覺；而英語裡，毒品的叫法是drug，藥品，單純的中性詞，沒有特別的暗示。同樣的東西，名字不同、叫法不一樣，給人的感覺就不同，就會影響人們對它的態度。

理解了命名的這些作用，我們再回到開頭提到的那個問題，冥王星為什麼要改名？不叫行星，而叫矮行星？天文學家朱惠特說，這非但不是「矮化」，反而是冥王星的「升遷」。

過去冥王星被當作行星的時候，特別不起眼，因為小，體積只有月球的三分之一，質量只有月球的六分之一。而且它又離我們那麼遠，觀測起來那麼費勁，所以注定是要被忽視的，總之一點存在感都沒有。

但是現在冥王星被開除出行星，變成矮行星了，結果現在只要講太陽系的行星，最後一定得專門把冥王星拿出來講一講。你說它的地位是不是重要多了？

再從天文學的內部來看，專門劃出一類天體叫「矮行星」，這意味著更多的人力資源和科研經費，當然會有新的研究成果出現，又會吸引更多的注意力。

果不其然，二〇〇六年冥王星被開除出行星，二〇〇八年六月十一日，國際天文聯合會給海王星以外的矮行星們，起了個名字，統一叫「類冥天體」，就是和冥王星類似的天體。冥王星直接變成這一區域的老大哥，成為了附近這類天體的模板。

你看一下這個過程，改名之前，冥王星只是一顆孤懸於外太陽系的、畸形的、渺小的、注定要被忽視的奇異天體，醜小鴨一隻；而現在，它變成了那個區域的老大哥，被從遙遠的外太陽系重新召喚到了我們面前，獲得了無數的額外關注，搖身一變成了白天鵝。我們熟悉的醜小鴨的故事，不就是一個命名錯的故事嗎？你說這是降級還是升遷？所以，讓我們祝賀冥王星吧。

從這個故事裡，我們可以再次洞察到名字的重要性。它不是什麼任意的符號，它是一個事物在人類世界裡的再一次出生，它還是一個東西放大自己價值的最好槓桿。

語言是人類發明出來的交流工具，
而這個工具引起的誤解
和它造成的溝通相比，一點也不少。

認知方言化

最近我在工作中有這樣的困惑，在跟同事交流很多問題的時候，我明明覺得自己已經講得很清楚了，當場也再三確認，可最後執行出來，卻不是那麼回事。事後一瞭解，原來是對某個詞、某個概念的理解出現了偏差。

同樣是軸心時代的大哲人，為什麼孔子和柏拉圖對於詩歌的態度不一樣呢？

孔子說起詩歌，評價可高了，他說：「《詩》三百，一言以蔽之，曰：『思無邪』。」孔子在搞教學活動的時候，詩歌是重要教材，後世也都相信，流傳到今天的《詩經》三百篇，是孔子親手編訂的。

再來看古希臘哲學家柏拉圖，他比孔子小一百多歲，但是大體上還算是一個時期的人吧。柏拉圖說，要把詩人趕出城邦，他還羅列了詩人的幾條罪狀，說詩人的作品對真理沒什麼價值，而且還摧殘理性，迎合人性中最低劣的部分。

那麼他倆到底誰對誰錯？

他倆的意思其實是一樣的，用今天話說，都是「我要反三俗」。

柏拉圖時代看到的詩歌是什麼樣的？是《荷馬史詩》那樣的長篇敘事詩，我們可以理解成一種有韻律的評書。評書講究的是故事性和角色刻劃，越熱鬧、越扣人心弦就越好。如果再要迎合兩、三千年前普羅大眾的下流趣味，「三俗」的作料一定不少，畢竟是一種商業活動。古希臘的詩人什麼樣？大體上我們可以把他們想像成在各個城邦走街串巷的鼓書藝人。所以，從維護正統文化價值觀的角度，我們就可以理解柏拉圖為什麼要把詩人趕出城邦了。

那再來看孔子時代的詩歌。今天我們看到的《詩經》其實是一項正式文化制度的成果，這個制度叫「采詩」。周朝剛剛建立的時候，可沒有現代傳媒，連知識分子和官僚集團這些群體都沒有，那中央政權怎麼瞭解各地民情呢？根據漢代的何休給《春秋公羊傳》作注中的說法，朝廷養了一些孤寡老人，讓他們搖著木製的鈴鐺，就是「木鐸」，到民間去採集詩歌。一聽見誰唱歌、作詩，就記錄下來，然後把採集來的詩歌彙集到朝廷的樂官那裡，由樂官進行整理。朝廷就可以根據民間的詩歌來瞭解民情。

《詩經》中的「風」就是這麼來的。

這個做法一直持續到漢代，朝廷還正式設立「樂府」，到民間采詩。後來因為儒家知識分子階層的形成和官僚制度的成熟，不再需要這項制度了，但是樂府做為一種詩歌題材保留了下來，我們熟悉的〈木蘭詩〉、〈孔雀東南飛〉都是典型的樂府詩。

這麼一梳理你就明白了，不是說中國從來沒有三俗詩歌，而是因為特定的政治目的，能被選出來呈報給中央留存下來的詩歌，自然而然淘汰了三俗的東西。所以，中國詩歌的傳統，從源頭上就沒有「三俗」的問題。

試想一下，假如柏拉圖當年面對的是中國的這種詩，他又怎麼會主張驅逐詩人呢？所以孔子和柏拉圖對詩的主張其實一樣，都想弘揚正能量，之所以表現不同，是因為他們生存的社會狀況不同，詩本身不一樣。

之所以這能引起我的注意，是因為我最近也在被一個問題困擾，就是語言的局限性。

同樣是「詩歌」這個詞，表面上看孔子和柏拉圖的觀點對立，但是一旦深入它的文化背景中，你又會發現這個對立壓根就不存在。語言是人類發明出來的交流工具，而這個工具引起的誤解和它造成的溝通相比，一點也不少。

其實，對於語言表達扭曲原意，人類一直是比較警惕的。柏拉圖的老師蘇格拉底一輩子沒有留下一個字的作品，因為他認為寫作是一場騙局，寫作是不可信的，只是娛樂，並且會讓人失去本身記憶的能力，變得只能依靠外在的文字符號而非自身的通道去理解知識。

中國的儒家也有類似的警惕性。後世儒家有一些重要的命題，比如「人性」和「天道」的問題，孔子在活著的時候從來不提。

孔子的學生子貢就說：「夫子之言性與天道，不可得而聞也。」不是這些命題不重要，而是這些虛無縹緲的東西，只能心授，不能形諸語言文字，一旦寫成文字，就會引發誤解，脫離原意。那後來寫沒寫呢？寫了，是孔子的孫子子思寫的，這就是著名的四書之一，《中庸》。

朱熹在註解的時候就說，《中庸》本來是孔子向門人傳授的心法，但是子思擔心時間久了失傳了，沒辦法才把它寫下來。這就是我們人類的處境，明知道語言文字會歪曲原意，但是為了交流，又不得不用語言文字。

那統一語言有用嗎？沒用。統一語言過去能解決絕大部分溝通問題，所以秦始皇才要搞「書同文車同軌」。但是在現代社會，就像我們剛才舉的「詩歌」那個例子揭示的，統一語言已經沒有用了，是語言背後的語義不能統一。現在我們面對的問題，已經不是語言的方言化問題，而是一個認知方言化的問題。

比如，如果你現在說一個詞「吃雞」，有的人認為就是吃一隻雞，有的人就知道那是打遊戲。真正的分岔是在背後的認知。

最近我在工作中就有這樣的困惑。在跟同事交流很多問題的時候，我明明覺得自己已經講得很清楚了，當場也再三確認，可最後執行出來，卻不是那麼回事。事後一瞭解，原來是對某個詞、某個概念的理解出現了偏差。

剛開始我還懷疑是不是我的語言表達能力出了問題。後來這種情況發生得多了，我才知道這不是表達能力問題，這就是「認知方言化」的問題。

為什麼商業界那麼多大小老闆，包括小團隊的領導，都經常感慨手下人聽不懂自己在說什麼，不是他們笨，而是即使我們是在做同一件事，但是我們接受的訊息太凌亂了，每個人對目標、任務、方法的認知都在飛速地分離。這個過程，就像是用同一種語言的人只要稍有阻隔，就會演化出方言，時間一長，互相之間就聽不懂了。

更引申一步，這個問題可能也在改變企業存在的意義和使命。過去，一個企業完成對資源的整合，主要就是機器設備和人員產品的整合。但是現在，大量創新的使命擺在面前，整合的對象變了，變成了人。更準確地說，是變成了整合人的認知。

所以現在的企業就有兩個新目標：

第一，不斷創新認知，主動讓自己的認知方言化。比如我們公司在生產內容的過程中，就出現了很多只有我們自己人才懂的新詞，「投影法」、「還原法」、「左手一揮法」等等。不是我們保守商業秘密，這些詞我們都寫在了品控手冊裡，但是說實話，如果不是天天和我們在一起工作，想準確理解這些詞的意思，還是不容易。第二，不斷在內部統一認知。這個過程沒有什麼取巧的辦法，就是得天天在一起，天天說、日日講，像國家推廣普通話那樣，把最新的認知盡可能地普及到全員。

對外，製造認知方言化。對內，對抗認知方言化。這不是新麻煩，這是現在企業的新使命。有句話說得好，現在一個企業的終極產品，已經不是產品和服務了，而是你之所以能做出這個獨特的產品和服務，別人連抄襲都抄襲不了的背後那一組獨特的知識，那一組企業內部共享、且在不斷生長的方言化的認知。

一個字帶來的麻煩

外來的存在，不必介入我們的生活，就有可能徹底改變我們的命運、難題、狀態。

最近看到了一個字和它背後的故事，生出了一點小感想。這個字就是「她」。很常用的一個字，現在我們天天用，不過在中國古代的文言文中卻沒有這個字。這個「她」字出現至今，差不多才一百年時間，是五四白話文運動時期才被造出來的。

白話文運動時期，新造了不少字。比如，我們今天經常用的那個提手旁的「搞」字，也是一百年前發明的。為什麼要發明這個「搞」字呢？因為白話文對動詞沒有那麼多精確典雅的表達方式，很多動作就一「搞」了之了。這是中文自己演化出來的難題，當然得自己找到處理方法。

但是這個「她」字就不同了，這是一個外來難題。在古漢語中，只要是指一個別的東西，不管指人指物，都可以用一個單人旁的「他」來表達。比如我們熟悉的，「他山之石可以攻玉」、「他人」、「我並無他意」、「我們他日再戰」，都是用單的這個「他」，所以這都是指第三者，沒有單獨為女性設計一個字。但是近代以來，國門初開，西方文化來了。西方語言中，比如英語，第三人稱的男女是分開的，一個叫「he」，一個叫「she」。按說，語言不一樣，他們用他們的，我們用我們的，井水不犯河水不就行了嗎？可是西方文化當時很強勢，我們得翻譯他們的書和文章。他們的文字中第三人稱既然分男女，那在漢語中對應地該怎麼寫這兩個字呢？

男性的他就沿用古漢語中的那個「他山之石」的他就行了，但是女性的她怎麼辦呢？我們翻譯英文，翻譯那個「she」該怎麼辦呢？當時有很多討論。我們就先聚焦在三個人身上：魯迅、周作人和劉半農。

魯迅大家都熟悉，周作人是魯迅的弟弟。大家對劉半農稍微陌生一點，他是前面二位的朋友，著名的語言學家，音樂家劉天華的哥哥。這三個人都是北大教授，在立場上也都是革新派。但是，在用什麼漢字來指代第三人稱女性這個問題上，三個人的主張不一樣，拿出來的方案也都不一樣。

先說魯迅，他剛開始的主張是用一個「伊」字，「所謂伊人，在水一方」的那個「伊」字。這個字在古漢語中，用法也是指第三人稱的他，但是並不分男女。好歹有這個字，而且和單人旁的那個「他」字形、讀音都不一樣。那就借來用吧，語言不就是這樣嗎？遇到了新的意思，不主張新造一個字，而是看看在傳統中有什麼資源可以借用。所以，魯迅有一段時間的文章中，指代第三人稱女性的字就成了「所謂伊人，在水一方」的「伊」。

但是，這個方案一旦用起來就發現有問題。我們在上中學的時候，都學過魯迅的那篇小說《故鄉》。裡面有句話是這樣的：「我孩子時候，在斜對門的豆腐店裡確乎終日坐著一個楊二嫂，人都叫伊豆腐西施。」這個地方的伊，就是魯迅這個階段用法。但是說實話，當年我上學的時候，讀到這一段總覺得怪怪的。既然我一百年後覺得怪，一百年前的中國人肯定也覺得怪怪的啊。我們在口語中，還是說「她」，魯迅寫到紙上為什麼就變成了「伊」了呢？到底念成什麼，難道要我們改口語嗎？這是一個創新，但是這個創新的推廣成本太高了。事實上，魯迅最後自己也放棄了這個用法。

再來看第二個人，魯迅的弟弟周作人。他覺得，不如在單人旁的「他」的右下角寫上一個小小的字，寫上女人的女。一眼可見，也沒有語言和書面文字不合拍的問題。這個思路就有點像今天有的政府機構公布那種長長的名單，有的人名後面加一個括號，註明是女。你要是有興趣，可以找周作人當時出版的翻譯作品來看，像是安徒生的《賣火柴的小女孩》、俄國的《可愛的人》，滿篇都帶著腳注「女」的他。當然了，這個方案，也只有周作人用了一段時間，沒有推廣開。原因你也想得到，印刷起來太麻煩了而且這樣的書在視覺上也不好看。

提出最終解決方案的，是劉半農，就是他造出了我們今天常用的那個女字旁的「她」字。不過嚴格地說，也不能說這個字就是他造的。因為古漢語裡確實有這個女字旁的「她」，不過意思不一樣。古漢語的這個「她」是用來指姊姊的，而且也不是這個讀音。當然，這個字很早就做為生僻字不用了，劉半農造字的時候也不知道自己其實造了個舊字。這實在是「如有雷同，純屬巧合」。

這個字一造出來，馬上就流行開來了，一直到今天我們也是這麼用。結果證明做為一個方案，它是最好的，避開了前兩種方案的毛病。但是在當時，這是一個被罵得很慘的方案，因為裡面有男女歧視問題。

有人就說，表示男性的他是單人旁，表示女性的她就是女字旁，女性難道不是人嗎？這可不是個別激進分子的少數意見。朱自清就遇到過這樣的反對。朱自清在學校教書的時候，給學生發上課用的講義裡面自然就會用到「她」字。很多女學生收到講義後，會修改為單人旁的他，既然是指男的，乾脆把單人旁換成男人的男。這樣才公平。既然女性用的是女字旁，男性為什麼不用男字旁呢？這才男女平等。不管這個方案成功不成功，其實都沒有完美的解決方案。

那這段文字公案給我帶來的啟發是什麼呢？就是外來者對我們的影響。過去，我們看見一個外來者，通常的反應是我們得判斷一下，是善意的還是惡意的，對我有好處還是有壞處，是有用的還是沒用的。我好決定我是接納還是拒絕，戰還是逃。

但是，今天講的這個文字上的例子告訴我們，現實情況遠遠沒有那麼簡單。

外來者對我們最大的影響方式，其實，不是要對我們幹什麼，它只要存在在那裡，我們原先的世界就已經改變了。它就已經成了我們要解決的一個問題，它就一定會引起我們內部的紛爭。

比如，你可以想像一個生活場景，兩個閨密正在餐館吃飯，突然隔壁桌來了一個大帥哥一個人吃飯。整個過程大帥哥跟她們沒有發生任何交流，僅僅在旁邊存在了那麼一下，典型的生活中的過客。但是如果你有生活經驗，就知道這兩個正在吃飯的姊妹，無論是心思還是交談的話題，都一定會發生某種微妙的轉折。外來的存在，不必介入你，就一定會在你們的內部產生新問題。

這就牽涉到我們對現在這個時代的理解了。有人說，這個時代對我們個人命運影響太大。因為時代在變，所以我們得跟著變。有人說，是環境太險惡，有人對我們太不善意，所以我們活得不容易。這種思路都是在說，環境因素在主動介入你、影響你。但是，我們可能把這個事情想淺了。

這個時代的最大特徵，是我們的生活中出現了越來越多的相鄰關係。我們的命運不得不和一些我們陌生的東西在一起，僅僅是在一起。真實世界裡、虛擬世界裡，各種各樣的人、機構、話題、觀念成為我們生命中的過客，成為我們的他者。他們沒打算搭理我們，也不打算介入我們，甚至也談不上什麼影響。但是只要他們在我們的生命中存在過那麼一下，我們的命運、難題、狀態就有可能被徹底改變。

在絕大部分情況下，那些他者、過客對我們無恩無怨，談不上好也談不上壞。但是，由此產生的問題是我們自己產生的，解決的責任也是我們自己的。這才是一個變化時代的真正含義。這是我從一個字開始引發的小感想。

任何團結，都必須從區分裡外、親疏，甚至是敵我開始。排斥外界，不是我們團結之後的結果，而是為了達成內部團結必須付出的代價。

全世界能用同一種語言團結起來嗎？

一位來自成都的世界語者在接受採訪的時候說了一句話，一語道破了今天世界語的現狀：「世界語更像一個暗號，只要對上這個暗號，就是自己人。」

我們人類自古以來就有一個願望，就是天下大同。這個世界如果沒有隔閡、沒有誤解、沒有戰爭，那多好！這不僅僅是美好的願望，如果實現了天下大同，是有好處的。我們人類是社會動物，人和人的協作當然能迸發更大的力量，所謂「團結就是力量」。

天下大同這件事既是大家的願望，又有實際的好處，既有必要性，也有可行性，可為什麼做不起來呢？

基於這個問題，我想跟大家聊一次團結全人類的努力，看看這場努力的成功和失敗。也許我們從中就可以得出上面那個問題的答案了。

這場努力就是「世界語」。今天知道這門語言的人不多了，很多大學的世界語專業也都停止招生了。但是，大概一百年前，世界語曾經光芒萬丈。

幾乎所有廣泛流行的語言都是自然形成的，但世界語是個例外。世界語是有發明人的，這個人叫柴門霍夫，是生活在十九世紀後期的一個波蘭猶太人，是個醫生。

柴門霍夫長大的城市，是一個叫「比亞韋斯托克」的地方，位於波蘭東部，臨近白俄羅斯。那裡最大的特點就是多民族混居。柴門霍夫回憶說，自己的故鄉是一個俄語、波蘭語、德語族群「雜居且互相仇恨」的城市。

在這樣的城市長大，讓柴門霍夫成為了一位掌握很多語言的人。他的母語是俄語和猶太人的依地語，同時還會波蘭語、德語、法語、拉丁語、希臘語、英語、希伯來語、義大利語、西班牙語和立陶宛語，一共十二種。所以，每個民族的人在說什麼，他都能聽懂。他是個語言的天才。

柴門霍夫就感到語言既溝通了人群，但也是隔絕人群的一道天然的籬笆牆。於是他想，如果全世界人都能使用一種語言，不就能消除這些矛盾了嗎？一八八七年，二十八歲的柴門霍夫就以拉丁文為基礎，創造出了一種全新的「人造」語言。這就是世界語。

世界語共有二十八個字母。基本詞彙和詞根大部分來自拉丁語系。世界語最大的優點是簡單而且有規律。基本語法規則只有十六條，動詞只有現在式、過去式和未來式三種。而且發音嚴格遵守「音符對應」的原則，每個字母都嚴格對應唯一的發音，你會讀就一定能寫對，看到文字就一定能讀對。而且其他語言裡的痲煩事，陰陽性、敬語、變格之類的全都沒有，對初學者來說非常友好。

柴門霍夫宣稱，就算是沒受過教育的歐洲人，一個星期就能掌握世界語。在創建了世界語之後，柴門霍夫公開放棄了所有關於世界語的著作權。他表示，希望世界語能消弭語言造成的隔閡，最終實現全人類的團結。這個理想很美好吧？他把世界語命名為「Esperanto」，意思是希望語，開始向全世界推廣。

在這個故事的一開始，我們看到了一個理想主義的青年、一種簡單易學的語言、一個希望人類團結的美好願望。

但世界語接下來的命運，完全出乎柴門霍夫的想像。

在世界語出現之後不久，英國《泰晤士報》就說，這個語言聽上去像是「一個帶著斯拉夫口音的人在說很不標準的義大利語」。你要是生活在當時的歐洲，就能聽懂英國人這個點評就是典型的「地圖炮」，是在地域歧視。因為當時在歐洲，義大利和斯拉夫人（俄國人屬斯拉夫人）是處於鄙視鏈的底部的。所以，一門為了團結而生的語言，剛發明就被英國人當作了歧視、隔絕別人的工具。

而且歐洲其他國家的人對世界語也充滿了警惕，理由很簡單也很奇葩，因為柴門霍夫是一個猶太人。當時歐洲很多地方都在排猶，他們會認為是猶太人在搞什麼陰謀。所以在當時說世界語就會被人貼上一個猶太人的標籤。

但所有這些困難都沒有阻止柴門霍夫為了世界語一生奔走宣傳。一戰結束後，世界語得到了一個很好的發展機會，因為共產主義運動開始了。

二十世紀初，年輕的列寧在歐洲接觸到了世界語，他馬上意識到了這種語言的價值，他說了一句話：「世界語就是全世界無產階級的拉丁語。」對啊，共產主義的理念就是全世界無產階級團結起來，世界語當然就是最好的團結工具。據說，在第三國際的某次大會上，列寧在宣讀自己報告的時候就使用了世界語。

就這樣，世界語就和共產主義、布爾什維克運動結合在了一起。蘇聯的政治家和作家，包括史達林、高爾基，都開始學習世界語。中國也一樣，我們熟悉的左翼作家，像魯迅、巴金都學習而且致力於推廣世界語。世界語得到了第一次大規模的發展。

但是其實世界語和布爾什維克的這種親密關係，並不符合創始人柴門霍夫的初衷。因為共產主義運動是一個壁壘分明的陣營，和外界有激烈的對立關係，這違背團結全人類的初衷。

果然，在納粹掌權之後，德國宣傳部部長戈培爾就直接下了結論：「世界語就是猶太人和共產黨的語言。」這句話就不僅是地圖炮了，也是民族炮、意識形態炮。凡是說世界語的，不管你自己是不是，但外人就這麼看你。

一九三七年正好是柴門霍夫發明世界語的整整五十年後。一種試圖團結全世界的語言，在半個世紀的歷程裡，反而成為了各種人隔絕他人的工具。

更讓人欷歔的是，幾年之後二戰爆發。柴門霍夫的三個子女因為是猶太人，全部死在納粹手裡。一位一心促進世界團結的理想主義者，不僅沒有保護人類，連自己的子女都沒能保護。

那今天的世界語是什麼情況？我們提到過，中國沒有大學開展世界語專業了，但是世界語沒有死。目前大概有幾萬人說世界語，多數是年輕人。他們來自不同的國家，主要在網路上交流。這是一個相當友愛溫暖的小團體。

比如說，每個世界語者都可以領到一本小冊子，直譯過來是「護照服務」，它有點像一份面向全世界的青年旅社系統手冊。在二〇〇六年出版的小冊子裡，一共收錄了九十二個國家的一千三百二十位世界語使用者的地址，就像一份聯絡圖，告訴你到哪個國家的哪個城市，誰能管你吃，誰能管你住，甚至他們家裡能不能抽菸都寫得一清二楚。而要享受這套服務，只有一個條件，就是你得能說世界語。

一位來自成都的世界語者在接受採訪的時候說了一句話，一語道破了今天世界語的現狀：「世界語更像一個暗號，只要對上這個暗號，就是自己人。」

世界語者是真的在共享暗號，比如他們聚會叫「鱷魚下午茶」，因為世界語者自稱是「鱷魚」。每年十二月，別人都過聖誕，但他們過「柴誕節」，就是世界語創始人柴門霍夫的生日，每年的十二月十五日。要是外人，你都聽不懂他們這個封閉的小團體在說什麼。所以其實世界語活得好好的。

總結一下，如果你發明了一個試圖團結所有人的工具，無論它是世界語還是網路，假如它真的好用的話，你能期待的最好結果也就是團結了一部分人，排斥了另外一部分人。它確實給這個世界多修了幾條路，但挖出來的土又給這個世界多打了幾堵牆。這幾乎是所有溝通工具的共同命運。

這背後是人類社會最彆扭的一個邏輯：任何團結，都必須從區分裡外、親疏，甚至是敵我開始。排斥外界，不是我們團結之後的結果，而是我們為了達成內部團結必須付出的代價。

真正產生美的，
不是物理上的距離，
而是和你實用性的距離。

所有藝術形式都有可能衰落，
但是從來沒有一樣真正死去。

第 4 章

藝術

美是什麼？

靈感好像非常神秘，即使是藝術家也做不到招之即來揮之即去。那它到底是什麼？朱光潛先生說，其實就是人的潛意識活動。

我們經常說「距離產生美」，離我們遠的東西才可能是美的東西，這符合我們的日常經驗。

比如，有一次我從北京到桂林玩，跟當地的船夫聊天，我就誇他們桂林好，住在這裡很幸福。沒想到他說：「你在這裡住一輩子試試？我倒是覺得你們北京挺好的。」

所以有人就說了，所謂旅遊，就是一群在一個地方住膩了的人，跑到另外一群人住膩了的地方去感慨「真美」。這不就是距離產生美嘛。

但是，我總是感覺這話沒說透。第一，多遠才算遠？我身邊的美女，我也覺得很美；我掛在家裡的畫，我也覺得很美；第二，遠在紐約的髒亂差街道，我眼裡看來，還是覺得髒亂差。

看來，「距離產生美」不是一個真正有洞察力的表達。

最近，我在看朱光潛先生的《談美》這本書時，才找到了精確的表達——脫離現實用途才叫美。真正產生美的，不是物理上的距離，而是和你實用性上的距離。

城裡人到了有山有水的地方覺得美，是因為他們不靠山和水吃飯。如果是當地鄉下的農戶看到同樣的景色，想到的卻可能是翻山越嶺的勞累、耕作的辛苦和對收成的擔心。這個時候，美感也就沒有了。

更典型的例子是語言。為什麼中國產品經常會用英文字母做品牌名字？過去我們都覺得這是因為崇洋媚外。為什麼很多外國人會在身上做一個中文的紋身？過去我們都覺得這是中華文化有魅力。其實，用朱光潛先生的這個美學理論，可以有另一種解釋。

我們中國人聽到有人在說中文的時候，會立刻不可遏制地去理解其中的含義，它是實用的。所以，我們永遠沒法欣賞中文的語音美還是不美。

當企業在設計LOGO時，如果用英文字母，就是在利用我們對於外文的陌生感。它不實用，所以人們會把注意力集中到字母的形態、輪廓等設計元素上，設計的美感就會突出了。反過來，西方人在自己身上紋幾個漢字，也是一個道理，脫離實用性，讓美感突顯出來。

如果繼續追問，為什麼脫離實用性就有美感呢？所有物種，產生一種感情，都不會是沒有作用的，都對它的生存繁衍有實質性的好處。

一種生物，在大千世界中能夠利用到的資源是很少的。但是，對那些它暫時用不到的、脫離了它當下實用性的資源，它必須有一種感應的能力，讓它不脫離自己的視野，能對自己保持誘惑，做為備用資源。

這種能力對生物的生存當然有好處，這就是最原始的美感。為什麼齊白石說，畫畫是「似者媚俗，不似者欺世，妙在似與不似之間」，就是這個道理。太不像的畫，脫離了人的感應能力，是瞎畫，是欺負大家。太像某個東西，像到讓大家感覺很實用，又媚俗了，沒有了美感。有美感的東西，是在似與不似之間。

這樣想，我心裡又解開了一個疑團。很多人說，藝術就是純粹的藝術，沒有實用性。其實，按照我們剛才說的這個理論，藝術和審美確實沒有切實的、當下的實用性。但它是實用性的預備，它在衡量我們對於大千世界本身、對眼下實用之外的資源的感應能力。只要稍稍放開視野就會知道，這種能力對我們的生存其實更為重要。

朱光潛先生這本小冊子《談美》給我的第二個啟發是，藝術不僅是精神世界的事，它更是身體的事。這個說法可能有點奇怪，藝術難道不是一種精神文化活動嗎？其實不然。任何藝術都是一種身心合一的活動，包含種種身體的習慣和記憶。學習一種藝術，就是通過反覆練習掌握其身體的技巧。比如，書畫家揮動手臂的運筆技巧遠超過一般人，鋼琴家的手指格外靈活，舞蹈家身體各部位的活動能力令人嘆為觀止，等等。

那你可能會說，寫詩總算是純粹的精神活動了吧？不對，就連詩歌，其實也是一種身體的運動。所謂詩歌的氣韻，說白了，就是喉舌的運動給人帶來的氣息感受。詩歌的節奏感，正來自於人的呼吸有節奏感。詩歌不能默讀，而一定要大聲朗誦，因為只有通過全身心的運動，才能再現詩人創作時的完整身體活動，充分感受到詩歌內在的音律之美。

我有一位指揮家朋友叫余璐，他跟我講，如果純粹講音樂的技巧，十幾歲的孩子就可以練到純熟，但是為什麼器樂演奏家往往要到四十歲之後才功成名就呢？因為他對音樂的理解，還有他的身體對音樂的表現力需要到那個歲數才能出得來。器樂家在演奏的時候，他的身體表現力本身就是音樂的一部分。

朱光潛先生的《談美》給我帶來的第三個啟發，就是靈感的本質。靈感好像非常神秘，即使是藝術家也做不到招之即來揮之即去。那它到底是什麼？朱光潛先生說，其實就是人的潛意識活動。

當人思考某個問題或者從事某種創作時，大腦會同時開動意識和潛意識。我們經常會遇到這樣的情況：在意識層面遇到了種種阻礙，思考沒有結果，只好放棄。這時，從人的主觀感受來看，思考陷入停滯或困境。

但是這時候潛意識並沒有停止活動，甚至可能在高度興奮地活動——人自己感覺不到而已。這就像是電腦的多程式運算，你在專心處理文字，後台的防毒程式在幫你默默地監控網路環境，殺毒、查木馬。

於是，在某個你自己也想不到的時刻，潛意識思考就會突然有了結果。這個時候，藝術家就感覺靈感來了！

理解了大腦活動的這個機制，對我們的日常學習其實也有幫助。還記得我上中學的時候，老師就告訴我一個考試技巧。考語文的時候，發下卷子，先看最後一道作文的題目，然後丟開去做前面的題目。

不要以為你沒有在思考作文，你的潛意識一直在替你打腹稿。等你把前面題目做完了，這個時候再寫作文，你會發現效率高很多。

這件事給了我很大啟發，後來我工作的時候，如果一時間很多事忙不開，我都會先抽時間瞭解一下，那些沒時間處理的事到底是什麼，然後丟開。我心裡知道，我雖然還沒空處理這事，但是我的潛意識早就在忙開了。

酒店的衛生紙為什麼要折三角？

設計的根本，是設計者和使用者之間的溝通。你要把自己想表達的一切——這件東西是做什麼的，怎麼操作，都傳達給用戶。

我們公司的聯合創始人快刀青衣給我推薦了一套書，叫《設計的心理學》。書的作者是一位認知科學家，叫唐納·諾曼，他曾經有一句名言——在人和設計之間，人是不會錯的，錯的只有設計。由此可見，老人家用戶意識很強。

其實我對這套書一開始是有點猶豫的，畢竟它年代久遠，距離第一次出版已經過了二十多年。要知道，設計可是一門不斷擴張的學問，像智慧手機、App應用之類的設計，在當時還沒出現呢。

所以我的遲疑就在於，二十多年前的理論，到今天會不會已經過時了呢？

但是看完這套書之後，疑慮徹底打消，裡面的內容何止是適用，簡直是道出了設計的本質。

以往我們都覺得，設計是一門藝術，它考驗的是創造力，越天馬行空越好。比如巴黎艾菲爾鐵塔、雪梨歌劇院，哪一個不是前無古人的創意呢？

但是諾曼說了，設計的本質，其實不是創意，而是溝通。它是一門設計者和使用者之間，通過產品實現無聲溝通的學問。為什麼這麼說呢？

因為在我們的日常生活裡，平均每個人要和兩萬多件東西打交道，大到飛機、汽車，小到一個ＯＫ繃、一個鑰匙釦，每件物品都有它自己的用途，也都要經過設計師的手。

設計師要做的，不是讓你覺得它多好看，而是讓人一看到這件東西，就馬上知道它是幹什麼用的，正確的使用方法馬上就會自己跑到腦子裡。

比如，汽車門上的車窗按鈕、衛生紙上的虛線、易拉罐上的拉環、手機上的音量鍵，都有這個特點——上手就會用，完全不用人教。

所以，設計的根本，是設計者和使用者之間的溝通。你要把自己想表達的一切——這件東西是做什麼的，怎麼操作，都傳達給用戶。靠什麼傳達？當然不是說明書，就像我們前面說的，一般人要和兩萬多件物品打交道，假如每個都配說明書，就算一本說明書只有一百個字，加在一起也要二百多萬字，根本記不住。

所以，產品和用戶之間的溝通，依靠的其實是一個比文字更古老，而且根本不需要記憶的東西，那就是本能。

你的產品要在設計上調動起用戶的本能，讓他意識到正確的使用方法，而且還要讓他避開錯誤的使用方法。

比如一扇門，外側是推，內側是拉。假如內外兩側設計成一樣的把手，那開門的人就有一半的機會犯錯。但是如果內外的把手設計的不一樣，比如設計成橫的是推，豎的是拉，就會更好一點。或者在門開合的推的位置，貼一片不鏽鋼，示意你可以在這個地方推，也會更好一點。

再比如說，我們進酒店客房，馬桶邊的衛生紙一般要折成一個三角形的頭兒，目的就是在沒有說明書和服務員的情況下，告訴客人，這個房間是打掃整理過的，衛生間沒有人使用過。

這就是設計的語言。

在諾曼看來，假如你面對一個產品的時候，不會用或者用錯了，那不是你的問題，肯定是設計的問題。而且凡是不看說明書就搞不懂的，都不是好設計。同樣，必須貼上警示標語，提示用戶禁止怎樣怎樣的，也不是好設計。

後來因為此書，那些不好的設計，人們就給它起了一個名字叫「諾曼」，就是書的作者唐納．諾曼的「諾曼」。

比如說，不知道怎麼打開的門，就叫諾曼門；令人迷惑的電燈開關，叫諾曼開關；無法弄明白的淋浴控制器，叫諾曼淋浴控制器。以後，你要是遇到了糟糕的設計，也可以這麼稱呼它。

那麼接下來，我們說點更實際的，一個好設計到底該怎麼實現？我和用戶溝通，到底溝通個什麼？

《設計的心理學》裡說了，溝通的要點有四條。第一條，叫示能。

顧名思義，就是展示功能，別人一看到你的設計，就能馬上反應過來——它是什麼？怎麼用？

至於錯誤的用途，自動阻絕，根本就不會出現在腦子裡。當然，也不能排除，即使你把功能交代得清清楚楚，使用者還是會手滑誤操作。

所以，溝通的第二個要點，就是約束。

也就是我不想讓你做的事情，你根本就做不到。比如，用Word打字，當你在沒保存的情況下，直接點擊右上角的關閉按鈕，是關不掉的。

設計者會彈出來一個提示，上面只有三個按鈕——保存、不保存、取消。這就意味著，是否保存，你必須親自作一個決定。你不可能越過這一步，直接退出。

再比如，有一台機器，一共十個零部件。假如隨便組裝的話，能演化出十的階乘——也就是三百五十萬種組裝方法，這顯然不現實。

所以，每個零部件上，其實都有一些特殊的設計，讓它只能跟某個特定的部件，按照特定的順序組裝在一起。比如，這個螺絲只能安在那個螺帽上，十個部件相互鎖定，誰都不可能站錯位置。

也就是說，設計者有一項使命，要把用戶錯誤的選項全都鎖住，那麼正確的答案就很容易選出來了。這就是設計的第二個要點，約束。

設計溝通第三個要點，叫映射。

也就是產品設計要映射出我們約定俗成的習慣，把現實生活中的經驗模擬到一個虛擬的世界裡。比如，電腦上的文件夾，其實電腦裡面的文件都是散著放的。但是為了讓你看著方便，所以才設計出了文件夾這個東西。

在這個約定俗成的框架裡，還要明確產品的每個操作，會映射出什麼樣的結果。比如手機的音量鍵，我們一看就知道，按上邊是提高，按下邊是降低。

當然，假如換一個環境，就要根據當地的風俗改變設計。比如我們中國人習慣說上下五千年，總覺得身後是過去，眼前是未來。但是有的地方就不一樣，南美洲一個叫艾馬拉的印第安部落，就管未來叫「背後的日子」，說的時候還會用手指指身後。

所以要建立正確的映射，就必須搞懂使用者的習慣。

溝通的第四個要點，叫反饋。

也就是用戶的每一個操作，都要第一時間得到一個清晰的反饋信號。說白了，事事有回音，你得靠譜。

即使用戶的要求你一時半會兒做不到，你也得告訴他。比如程式裡的進度條，它其實就是在說，你知道為了你，我有多努力嗎？再等一下下吧。

還有我們經常用的滴滴打車，司機收錢時的那個硬幣的聲音；還有看電子書時，紙張翻頁的聲音等等，都是為了讓你的操作，得到習慣的反饋。

介紹了《設計的心理學》說的，設計的四個要點。其實我們細心觀察會發現，哪怕是一件再簡單的工業設計品，都遵循這四點。

因此，一項看似簡單的設計，其實也包含著很多原理。

畫廊的秘密

畫廊看中了一個藝術家，會資助他們生活，長期經營他們的全部作品。這相當於一個長期價值投資遊戲，藝術家名氣越大，作品價格就越高，早期收藏的畫作也能賣出更高的價錢，最後產生的更高價值再在藝術家和畫廊之間分配。所以他們掙的是長線的錢。

有一本書叫《藝術品如何定價》，作者是荷蘭阿姆斯特丹大學的藝術教授奧拉夫·維爾蘇斯。

這本書本質上不是一本商業書，當然更不是一本藝術書，它其實是一本社會學書。也就是說，作者是把藝術當作一種社會現象來討論的。

這就有意思了，一件藝術品的定價，不是像我們平常看到的那種一手交錢一手交貨的普遍交易，它是一個供給和需求都非常小的社會網路。要是不理解這個網路運行的規律，你是沒有辦法理解它那些交易的實質的，當然也就理解不了一件藝術品的定價。

這是一個什麼網路呢？按照這本書裡的描述，它其實是一個藝術家的培養機制，而不是一個藝術品的生產機制。

我們先來看一個細節。雖然當代藝術畫廊有不同的規模和裝修風格，但是幾乎所有的畫廊在空間上都可以分為前廳和後廳兩個部分。這裡面就有學問了，前廳陳列的作品，就和在博物館裡的一樣，從來都不會貼上價格標籤，也沒有收銀台。也就是說，畫廊的「商品」沒有明碼標價。

儘管一九八八年紐約市開始要求畫廊明碼標價，但這項規定遭到了畫廊業的集體抵制，很多老闆寧可交付罰金，也不願意在畫作旁貼上標籤。他們不僅不願意貼價籤，甚至不會開口談價格。如果你在畫廊前廳向工作人員諮詢價格，他們一般只會告訴你價格還沒定。

但是，如果你被請到了後廳，那就不一樣了。這裡面有舒適的座椅、會議室、大辦公桌，還有價格清單，簽合同、付款要用的電腦、傳真機和複印機也是一應俱全。後廳才是做買賣的地方。

藝術品交易，本質上是在一個社會網路內部進行的，你有沒有資格被請入後廳，能不能把這件事背後的商業面目暴露給你看，是看你有沒有加入藝術品交易的關係網路。沒加入網路，買賣是不大容易做得成的。

這個網路的核心就是畫廊。

首先，我們需要瞭解一個畫廊交易的常識。當代藝術品的交易分為一級市場和二級市場兩種。一級市場出售的是當代藝術家的新作，也就是說，這些作品是第一次進入交易，而二級市場則交易已經被出售過一次甚至多次的作品。

那你猜，畫廊老闆更希望參與哪種交易？表面上看，二級市場的藝術品，因為已經進行過一次買賣了，已經有了基礎定價，所以這個交易相對安全。而且畫廊老闆對藝術品的價值判斷通常總會比買家準。俗話說，只有錯買沒有錯賣，所以利用訊息不對稱，很容易賺到差價。那麼畫廊老闆應該更熱中於這種生意。

可是事實恰恰相反，畫廊老闆雖然也做二級市場交易，但是他們通常非常謹慎，就是參與了也要盡可能避免讓人注意到。因為畫廊老闆在這個藝術品交易網路裡面的定位是「藝術保護人」，是藝術家的朋友、銀行家甚至是保姆。

整個過程大致是這樣的，畫廊看中了一個藝術家，會資助他們生活，長期經營他們的全部作品。這相當於一個經紀關係，藝術家名氣越大，作品價格就越高，早期收藏的畫作也能賣出更高的價值，最後產生的更高價值再在藝術家和畫廊之間分配。所以他們賺的是長線的錢。

如果參與二級市場交易，只要畫廊老闆賺到錢了，那只能證明賺了差價，要嘛欺負了客戶，要嘛欺負了藝術家。無論哪個原因，都會有損他做為「藝術保護人」的聲譽。聲譽這個事，對於小圈子，對於緊密的網路來說，是比現金更珍貴的東西，更牽涉到長期的利益。

那畫廊老闆更需要什麼樣的顧客？是那種一旦買了畫，在動機上就不打算把它賣掉的人。也就是那些收藏家，甚至是博物館，畫廊更傾向於把藝術品賣給他們。所以才搞出前廳後廳、自己人和外行之間的那種區別對待。

因為畫廊老闆玩的是一個「長期價值投資」遊戲，他更希望看到的是一個藝術家的不斷成長，他作品的價格節節攀升。知名收藏家或者博物館收藏了這幅畫，本身就是對藝術家價值的肯定和背書，有助於藝術家市場價值的成長，所以他們當然是好顧客。

如果賣給土豪或者專業的低買高賣的中間商，就難免會引起藝術作品價格的劇烈波動，這對畫廊老闆的藝術家長期價值投資遊戲是有破壞性作用的，他們當然不樂意。這倒不是說他們很高尚，他們是商人，也是要賺錢的，但是這個行當裡的價值產生方式，主要是藝術家和作品的增值，而不是賺差價，所以才會有這樣的行為方式。

我們都知道梵谷一輩子一張畫也沒賣出去過，所以我們會很惋惜。這也是事實，但是我們沒看到這張網路的其他部分。事實上，梵谷的弟弟就是畫廊的老闆，他和梵谷之間也是這樣一個「長期價值投資」遊戲。梵谷生前就是靠他的弟弟養活的。後來梵谷的畫作價格高企，證明這個投資遊戲是非常成功的。只不過他沒有活到後來，沒親眼看到這個遊戲瓜熟蒂落的後半段而已。

你可能又會覺得奇怪，那為什麼不乾脆排斥外人的進入，搞成一個小圈子俱樂部不就行了嗎？為什麼還要開個像商店一樣的畫廊，搞前廳後廳？為什麼還要有二級市場，甚至還有外行人也可以參與的拍賣會？原因很簡單，藝術品市場不是一個社會孤島，它還是需要整個社會的財富來對這個市場進行輸血，對沖它的風險。

正因為有二級市場和外行土豪買家，那些專業的收藏家才會放心買入藝術品，雖然他們在動機上沒打算要賣，但是萬一因為自己財務狀況波動要賣，有二級市場，會讓他們在買入的時候更有膽氣。

就像巴菲特說自己只做價值投資，傾向於持有一支股票很長時間，但是如果沒有那些隨時能交易的散戶，巴菲特手裡的股票不可以隨時變現的話，他的價值投資策略是不可能孤立存在的。

《藝術品如何定價》這本書給我的最大啟發是，每一個行業都有它公眾的一面。這一面，往往都是經過了有意無意的包裝之後呈現給公眾，再經過公眾有意無意的誤解，最後成為我們看到的樣子。但是，只有你深入到它的關係和利益網路中，你才能理解一個行業的真實邏輯。這就是求知的樂趣所在。

有什麼樣的媒體就有什麼樣的訊息。
媒介一變，訊息就變了。

電影這個物種

在電影院裡播放的影片和在家裡播放的影片，播放環境一變，其實壓根就是兩個物種。

有一種說法很流行，說「電影已死」。這可不是一件小事。最近幾年，大量資本投入到電影行業，而且很多年輕人還有一個電影夢。電影業如果真的不行了，牽扯到很多人的未來。

為什麼會有這種言論呢？首先，大家的時間越來越寶貴。去看一場電影，連來帶去三個小時，萬一看了一部爛片，時間成本就非常高了；第二，家裡電視越做越大，甚至家庭投影也開始普及，觀影體驗已經不亞於電影院；第三，最近幾年，優質的電視劇層出不窮，它們是不是可以替代電影呢？

我們先不去談電影是不是真的危險了，我們要反問一個問題，電影做為一種藝術表現形式，它的獨特性到底在哪兒？它和在家裡看的電視劇到底有沒有區別？

這個邊界其實很模糊。有人說，電影都是大場面、大製作，但是現在電視劇的製作也不小啊，比如美劇《冰與火之歌：權力遊戲》，單集成本達到了一千萬美元；有人說，電影是用膠片拍的，電視劇是用數位攝影機拍的。但是現在的電影也經常用數位攝影機，而且畫面效果和膠片幾乎沒區別。

那電影和電視劇的界限是不是越來越模糊了？電影是不是沒有存在的必要了？

最近，我讀到了一篇文章，是一位美國的電影製片人麥克萊恩寫的，裡面的觀點讓人豁然開朗，看完之後我才明白，電影和電視劇真的是完全不同的物種。

先從一個事件開始說起，就是上一次的美國編劇大罷工，從二〇〇七年十一月五號到二〇〇八年二月十二號，持續了整整一百天。一萬兩千名編劇放下手頭的寫作，上街示威遊行，要求提高自己的待遇。好萊塢的工會很厲害，在罷工期間假如發現有哪個編劇偷偷寫劇本，就立馬把他踢出編劇協會。

這次罷工嚴重到給美國娛樂界造成的直接損失就超過二十億美元，還不算一些周邊的廣告收入。但是這次罷工對電影和電視劇產業的衝擊是不一樣的。編劇罷工，對電影的影響頂多是推遲拍攝，但對電視劇的打擊幾乎是致命的。

二〇〇八年的好萊塢電影似乎還不錯，但美劇就扛不住了。當時熱播的《實習醫生》、《迷失》、《慾望師奶》、《24反恐任務》等，不是縮短集數就是草草收尾，甚至乾脆停播。因為美劇是邊拍邊播的，整個機制運轉的核心就是編劇。

按照文章作者麥克萊恩的說法，這是因為電視是一種以對話為導向的媒介，所以在電視創作中編劇為王。電視劇往往都是話癆，講故事主要靠說，要是沒了編劇寫的台詞，故事根本就沒法往下講。

這也正是電視劇區別於電影最重要的特點之一，叫作編劇中心制，所有人都要圍著劇本轉，編劇怎麼寫就怎麼拍。

但是在電影裡，情況就不一樣了，因為影像傳達的訊息和對話一樣多，甚至更多。電視劇中可以有片刻的沉默，但長時間的沉默是絕對不行的。同樣，過於深奧或者意思模稜兩可的對話在電視劇中也不行。換句話說，對於電視劇來說，劇本就是最終產品的藍圖。

而對電影來說，劇本只是一個起點，創作需要超越劇本，才能使之成為電影。所以我們可以看到，很多電影是靠視覺而不是台詞來講故事的。

比如《辛德勒的名單》，這是一部有名的黑白電影。但是男主角在納粹屠城的時候，卻在街上看到了一個穿紅色衣服的猶太小女孩，這是影片中唯一的色彩。小女孩獨自一個人走在大街上，周圍是納粹正在逮捕和射殺猶太人。男主角的視線一直盯著這個小女孩，整個過程持續了整整兩分半鐘，背景音樂是一首溫和的猶太童謠。

重點是，這段表達裡沒有一句台詞，完全靠畫面和音樂就把男主角感受到的衝擊都交代出來了。尤其在電影院裡，在立體環繞聲中，童謠的吟唱聲是非常具有戲劇性和空間穿透力的，再加上巨大的寬銀幕，讓這一點點紅色變得更加突出。

反過來說，在電視劇裡要是連續兩分半鐘沒有台詞，是不可想像的。這種不使用對話而使用視覺講故事的方法，就是我們所說的「電影語言」，它只屬電影。

而電視主要都是中小尺寸的畫幅，很難使用複雜的地點和景觀。有一類電視劇叫情境劇，像《宅男行不行》、《六人行》、《我愛我家》，只在室內拍攝，根本不需要拍攝外景。

所以，電視劇的關鍵是講一個什麼樣的故事，但電影的關鍵是怎麼講故事。一旦劇情的多寡不再影響故事體驗，才是真正的電影敘事，這種敘事在電視上是絕對看不到的。

第二個大的區別，就是電視劇經常用設置懸念的手法來吸引觀眾看下去。電視劇的情節不能非常簡單或者平鋪直敘，為了吸引觀眾連續觀看，必須設置好情節點，而且要有很多逆轉。通常電視劇會有多條情節發展的線索，不斷給觀眾新鮮感。

但是電影就相對簡單多了，比如《大白鯊》，故事其實就四個字「鯊魚吃人」。「情節極簡」，也正是電影區別於電視劇的重要一點。

這也決定了電影的中心，肯定不是編劇。那麼是導演嗎？也不一定。導演是從藝術的角度去創作電影，但是每部電影都是一件獨立的商業產品，是要賣錢的。因此就需要一個既懂創作、能把握內容，又懂商業、能控制預算，還要懂發行、能把電影賣出去的人來對整部電影負責。這個人就是製片人或者監製，他們才是電影製作的核心。

瞭解了上面兩點，你就知道，電影和電視劇看起來都是聲畫藝術，但是它們本質上是完全不同的兩種藝術門類。

電影產業的顛峰時期可能已經過去，但是斷言「電影已死」就有點太武斷了。人類表達自己感受的那些藝術形式一旦創立，就會在人類精神世界裡占有一個獨特的位置。所有藝術形式都有可能衰落，但是從來沒有一樣真正死去。那憑什麼說電影會死？

聊這個話題，其實可以引申到傳播學先驅麥克魯漢的一句名言：媒介即訊息。有什麼樣的媒體就有什麼樣的訊息。媒介一變，訊息就變了。在電影院裡播放的影片和在家裡播放的影片，播放環境一變，其實壓根就是兩個物種。

我經常提醒我的同事，不管你原來在哪裡做內容，是在報社、電視台還是出版社，今天我們是在移動網路的環境裡做內容。媒介即訊息，做內容的手法要變，評價什麼是好內容的標準也要變。換手如換刀，舊經驗不管用了。

紀錄片——一個神奇的物種

我們經常以為，事實是一個牢靠的地基，我們在這個基礎上，爭奇鬥豔花樣百出地形成自己的觀點。但是，紀錄片這個小物種的命運告訴我們，我們腳下的那個事實的地基，其實搖搖晃晃。

最近，我跟同事聊起一個話題，什麼叫紀錄片？你可能會覺得這有什麼可聊的，紀錄片不就是以展現真實為目的，對現實素材藝術化加工的片種嗎？它的核心就是兩個字：真實。比如，《舌尖上的中國》講的都是真人真事。真實就是這個小物種的邊界。

但是，深入瞭解紀錄片的發展經歷，你會發現事情沒那麼簡單。什麼叫真實，怎麼記錄真實？這個問題從紀錄片誕生的第一天起就是業界爭論的焦點，而且直到近一百年後的今天，這個問題從來沒有被徹底解決過。

我們就來聊聊這個過程。

世界上第一部紀錄片，是美國導演佛萊厄提在一九二二年拍攝的《北方的南奴克》。那個時候電影誕生沒多久，但是電影人腦子裡有個清晰的意識，電影不應該只提供娛樂，還應該給大家看一點平時看不到的真實世界。好不容易有了這樣的技術，這個技術得發揮作用。這就是紀錄片誕生的初心。

那美國人平時看不到什麼呢？導演一想，北極的因努特人日常是怎麼生活的，這個平時看不到。於是就去拍這個內容。第一部紀錄片《北方的南奴克》，片名中的北方指的是北極的格陵蘭島，而南奴克就是島上的一個因努特人的名字。全片展現的就是南奴克在冰原上和惡劣氣候做鬥爭的生活片段，包括怎麼用冰塊蓋房子，怎麼用乾枯的海苔生火，怎麼用魚叉之類的原始工具獵捕海象……等等。

你可能會覺得奇怪，這不就是再平常不過的生活片段嗎？只要拿著攝影機對著拍不就得了，它怎麼可能不真實？

事情沒那麼簡單。拍紀錄片離不開攝影機，這意味著不光要找到想拍攝的對象，他所在的場景還必須得符合拍攝需求。假如不符合，就只有兩個辦法解決，要嘛放棄，要嘛想辦法讓它符合。

比如，佛萊厄提在拍攝時發現因努特人居住的冰屋很小，老式攝影機很笨重，根本耍不開。於是，他請南奴克號召全村人一起重新造了一個大出兩倍的冰屋。建好之後，攝影機就能放置進去了。可是攝影機放置進去之後他發現，雖然冰塊是透明的，其實擋住了光線，黑黢黢的，什麼都拍不了。於是他又拆掉了屋頂。後來，南奴克睡覺、起床、吃早飯，全都是在這個沒有屋頂、充斥著刺骨寒風的屋子裡演出來的。

再比如，影片有一幕高潮是南奴克獵捕海象。為了拍這個場景，他們走了整整一天。等找到海象時天已經快黑了，根本達不到拍攝要求。攝製組只好匍匐在海象附近的雪堆裡，等待天亮。而且這一夜挺折騰，他們還得根據風向不停變換位置，因為假如待在上風處，風就會把人的味道吹到海象附近，海象就會警覺。

類似的情況直到今天仍然存在。比如，著名的紀錄片《舌尖上的中國》

裡大部分素材都是平常老百姓做菜。那麼這些菜是他們真的要吃所以這麼做，還是因為要配合攝製組的拍攝，所以特地做的？觀眾心知肚明，肯定是後者。那麼這些場景你說它是真實的嗎？它畢竟是演出來的。可是你說它是虛構的，裡面的人物又真實存在。

這個問題剛開始很困擾大家，但是後來大家也想開了，要想拍出好片子，不演是不行的，那就光明正大地演吧。於是出現了一個新詞，叫「非虛構搬演」。比如你要拍一部叫《漢武帝》的紀錄片，現在通行的做法是找演員演漢武帝和周邊的人，這個片子才能成型。

那麼怎麼記錄真實，這個問題解決了嗎？很可惜，並沒有。這個行業還要面對第二個難關，就是人性層面的真實。而且到這一步，已經不是這個行業的問題了，它已經撼動了我們所有人的一個基礎認知，那就是到底什麼叫真實？

所謂人性層面的真實，指的是一個人在面對攝影機時，展現出來的到底是不是真實的自我？紀錄片領域有個著名的假設，說的是當攝影機對準一個人的時候，只要他意識到你在拍，即使你不提任何要求，這個人的行為也會因為你的拍攝而發生改變。換句話說，你以為你在記錄真實，但當你拿起攝影機的那一刻，就已經在干預真實。

比如，現在我餓得不行，正在狼吞虎嚥地吃東西。突然有人拿著手機拍我，我能繼續狼吞虎嚥嗎？我還是得換個優雅的吃法或者對著鏡頭比個剪刀手？所以你看，你選什麼並不重要，重要的是，當攝影機對準你的那一刻，你就已經產生了選擇的意願。我的內心已經發生了改變。傳播學上管這種現象叫聚光燈效應，就是一個人在聚光燈下和平時自己待著的時候，他的表現完全不是一回事。

這種現象可不僅僅出現在拍吃飯這件事上。舉個例子，法律界對這種效應是非常警惕的。法庭上應不應該允許電視直播？早期是允許的，但後來就不行了，因為看起來攝影機是一言不發地在那裡忠實記錄法庭上發生的事實，但是只要在場的所有人，無論是原告、被告還是律師法官，甚至是法警，只要他們意識到這台攝影機的存在，他們的所有表現都一定會變形扭曲。會不會有人把法庭當作宣傳自己思想的舞台？律師會不會不專心辯護，在法庭上炫技？法官會不會擔心輿論壓力喪失公正立場？所以，美國的大法官蘇特曾經說過，攝影機堅決不能進入法庭，除非從他的屍體上踩過去。

那隱藏攝影行不行呢？很遺憾，還是不行。因為這又牽扯到紀錄片的第三個問題，那就是倫理問題。

倫理這個問題看起來很好解決，我做好人就行了，但是在紀錄片這個行當，記錄真實和符合道德，這兩個要求有時是互相矛盾的。比如，面對一個要自殺的人，你是要救他還是記錄他？面對一場爭吵，你會因為擔心傷害當事人而迴避，還是會記錄下來放給所有人看？這樣的場景和問題在紀錄片的實操領域太多了。比如，拍攝性工作者是很熱門的主題，容易獲大獎，但是幾乎所有的拍攝都沒有徵得當事人的同意就進行了拍攝。這些片子都把保護性工作者的權益當作口號，但是結果無一例外，嚴重地傷害了當事人。

紀錄片的使命是呈現真實。但是，是不是所有的真實都應該被呈現，這本身又是一個問題。

其實最近兩年，我一直在想一個更新的問題，就是攝影機鏡頭還能記錄真實嗎？比如你來我們公司拍紀錄片，能拍到什麼呢？桌椅板凳、電腦、會議室。我們公司的事實是知識形態的事實，攝影機無法用畫面記錄下來。這個世界越來越多的事實是以人的思想、交流等方式存在的，能指望攝影機鏡頭記錄下來嗎？所以，下一代紀錄片該是什麼樣的呢？這又是一個新問題。

我之所以嘮叨紀錄片，是因為我碩士研究生學的專業其實就是紀錄片。今天回頭看，這個行當真是十分糾結。

每一個行業都有自己明確的目標，所有的行業都會因為行業的努力距離這個目標越來越近。而唯獨紀錄片這個行當好像例外，不管怎麼努力，都從來沒有真正接近過自己的目標。每當它覺得自己接近了記錄真實這個目標的時候，真實就變了，就會遠離它，就會呈現出更多的層次、更多的複雜性。

聊這個話題，其實是想表達一個我自己的小感慨：

我們經常以為，事實是一個牢靠的地基，我們在這個基礎上，爭奇鬥豔花樣百出地形成自己的觀點。但是，紀錄片這個小物種的命運告訴我們，我們腳下的那個事實的地基，其實搖搖晃晃。那建立在它基礎上的觀點，我們把它說出來的時候，難道不應該謹慎和謙卑嗎？

什麼樣的恐怖片最嚇人？

什麼樣的恐怖片最嚇人？越顛覆你認知秩序的恐怖片，就越恐怖。

萬聖節的時候，我跟同事聊起一個問題，恐怖片為什麼那麼嚇人？有人說，是因為視覺因素，恐怖片裡有很多樣子可怕的妖魔鬼怪、變態殺手。但是你看哥斯拉，樣子是不是比妖魔鬼怪誇張得多，為什麼不可怕？也有人說是因為情節，主角總有一堆可怕的遭遇。但是在戰爭片裡，人們的遭遇要慘烈得多，我們並不覺得害怕。還有人說是未知，恐怖片裡經常出現超自然現象，因為不瞭解，所以恐懼。但是科幻片的未知因素豈不是更多，為什麼不恐怖？

那麼，到底什麼是恐怖片呢？恐怖片其實遵循著一套核心算法，叫顛覆底層秩序。

我們心裡對這個世界，不管是視覺、聽覺還是心理，都有一套基本的認知秩序，你也可以把它理解成因果關係。一旦這個秩序被打破，你就會覺得特別恐怖。

我們可以舉幾個例子。比如視覺上，假設恐怖片裡有這麼一個畫面：夜晚，你走在漆黑的走廊，看見一個姑娘背對著你，有一條長長的辮子。當你走近時，她突然轉身。請問，看到什麼你會覺得最害怕？不是慘白的面孔，不是鮮血淋漓，而是當她轉過身時，你發現，正面還是一條長長的辮子。

是不是挺瘆人的？假設這個姑娘一回頭，你發現她不是地球人，而是外星人，總之是超出你認知範圍的東西，你還會覺得害怕嗎？你的恐懼情緒肯定會降低不少。

這就奇怪了，恐懼既然源於未知，那麼你對外星人的未知程度肯定要高過一條辮子。為什麼辮子引起的恐懼要超過外星人呢？因為辮子的出現符合恐怖片的核心算法，它顛覆了你心裡的底層秩序。

首先，你的認知秩序是，辮子的背面應該是張臉。就算她長得再慘不忍睹，也好歹是張臉。這是最基本的規律，一旦它被打破，換成了辮子，就嚇人了。那麼為什麼換成外星人就不覺得恐怖呢？那是因為外星人從一開始就不在你的認知秩序之內。沒有對象，沒有靶子，又哪來的顛覆？

這是視覺上的顛覆，還有因果邏輯上的顛覆。比如，有一部很著名的日本恐怖片叫《七夜怪談》。裡面的情節是，有一部錄影帶，凡是看過的人都必死無疑。看完這盤錄影帶七天之後，就會有個叫貞子的女鬼出現在他家電視機上，然後從電視機裡爬出來，把人殺死。這是一個死結，誰都化解不了。仔細觀察一下這個情節，你會發現，每一個環節都在顛覆你內心的基本秩序。

首先，在大多數故事裡，有因才有果。俗話說，不做虧心事，不怕鬼敲門。一個人被妖魔鬼怪盯上，一定是因為幹了壞事。退一步，就算是個好人無辜枉死，也一定會有法師來降妖除魔。正所謂善有善報惡有惡報，這是最起碼的因果秩序。但是在《七夜怪談》裡，這個規則被顛覆。不管你是好人壞人你做了什麼，只要看了錄影帶，對不起，算你倒楣。

其次，故事的世界裡有個傾向，就是萬事都有解決方案。不管情況多糟，哪怕是災難片，世界毀滅，也總會有轉機出現，希望的火種總不會徹底熄滅，這是聽故事的人的基本預期。但在這個故事裡，厄運完全無解。誰撞上都只能等死，這又是一個顛覆。

最後再看看細節。假設在故事末尾，貞子不是從電視機裡爬出來，而是突然出現一個蟲洞，她坐著飛船出來，不但不恐怖，反而很可笑。因為蟲洞和飛船離我們的日常認知太遠了。但是電視是我們都熟悉的，而且我們很確定，裡面的東西不可能爬出來。一旦這層心理秩序被打破，恐懼也就迅速襲來。

那麼，什麼樣的恐怖片最嚇人？它顛覆秩序越是處在底層，在你的認知裡扎根越深，就越恐怖。在大名鼎鼎的科幻小說《三體》裡，有這麼一個情節。一個物理學家自殺了，原因是，外星人用一種技術，干擾了她的物理實驗。以往的物理定律，在實驗中統統不奏效了。比如擊打一顆撞球，球一定會順著作用力的方向飛出去。但是，外星人一干預，結果就變得無法預測了。有時是隨著擊打，撞球上升，有時是變成兩顆球，有時是變成一朵花。這顛覆了一個物理學家最基本的認知秩序。她承受不了這種恐懼，最終自殺了。

我們中國人有時候看西方的恐怖片，其實並不覺得恐怖。比如驅魔題材的電影，我們看著並不嚇人，為什麼？這也是因為，我們心裡缺少被顛覆的對象。在這些故事裡，被顛覆的對象是基督教的信條。惡魔的種種行為，已經越過了他們根深柢固的信仰體系，所以西方人才覺得害怕。

好，我們先把這個具衝擊性的話題放一放。說到這，你估計已經發現了。其實很多故事，都在遵循著一套核心算法。這套核心算法，是基於我們心裡最底層的秩序，然後在這個基礎上，施加一系列的作用力。這是好故事的共同特徵。

比如，好萊塢有一個片種叫黑幫片。不是有黑幫分子的片子都叫黑幫片，比如我們也看過很多以黑幫為題材的香港電影。其實大多數都是發生在黑幫裡的槍戰武俠片。它們遵循的是武俠世界裡的算法，鋤強扶弱，懲惡揚善。這種電影裡一個好人要對一個壞人出手，一定是他已經掌握了確定的證據，把罪證坐實了。讓你確定，這個壞人罪有應得，然後才開始故事。從起點的因到終點的果，這個邏輯鏈非常清晰。這個底層心理基礎，是我們中國文化特有的武俠文化。

而好萊塢的黑幫片不同。

它的底層心理基礎是信任。在我們的傳統認知裡，信任往往是有前提的。比如對方是你的親人朋友，或者是他公認人品好。總之，這些信任都是有條件的。

黑幫片的核心算法，就是改寫這個基本認知。把有條件的信任，變成無條件的信任。無條件信任，這就是黑幫片的核心算法。比如在一部很著名的電影《教父》裡，開篇有這麼一段劇情。一個人來找教父，也就是黑手黨家族的頭目。他跟教父說自己受到不公正的待遇，被人欺負了，希望教父替他討個公道。教父二話沒說就同意了。並且告訴這個人，這個忙我幫定了，我會把這份正義還給你，相應的，你欠我一個人情。

你看，整個對話中，教父沒有作任何考證。他跟這個人的交情不算很深，而且說不定是這個人欺負了別人。但教父卻沒有表現出懷疑，而是無條件信任。無條件的信任，這是生活中沒有的東西，這就是黑幫片的魅力的源頭。

幾乎所有的類型片，甚至可以說所有的故事，都一定是觸及到了人心裡的那種最底層的秩序。想要寫一個好故事，就要找到這個秩序，找到反差，作出改寫，一個好故事，就這麼誕生了。

間接後果

很多新事物出現的時候，總會有人說，這和我沒什麼關係。果真如此嗎？

有一本名聲很大的科幻小說，叫《三體》，我估計很多人都看過。書裡有一個觀點，叫「接觸符號論」。大概意思是，只要外星人一出現，他們還只是個符號，但不管他們是友好還是敵對，都會讓人類文明產生分裂。

書裡具體是這麼寫的：當人類發現三體人要入侵地球，人類就分成了兩派：一個是拯救派，另一個是降臨派，一派歡迎，一派不歡迎。結果是三體人還沒到，這兩派就已經勢不兩立了。

這是不是和以前的科幻片不一樣？

比如《E.T.外星人》裡，外星人是友好的，我們就和他做朋友；《ID4

星際終結者》裡面的外星人，想占領地球，我們就拿起武器捍衛家園。總之，人類對外星人是見招拆招，做朋友也行，打仗也奉陪。外星人對人類的影響，取決於他們要幹什麼。

但是《三體》裡的「接觸符號論」不太一樣，它認為外星人對人類的影響，不取決於他們想幹什麼。只要外星人出現，他們還是一個符號，只要人類普遍接受了這個事實，外星人什麼都不用幹，就會使人類文明出現分裂，人類自己就會打作一團。

當然了，這只是科幻小說裡的一個假設。但是它說出了一個非常重要的邏輯，就是一個新事物起作用的方式，不一定是直接的。它表面上的功能當然會引發一些後果，但是影響更大、更深遠的，也許反倒是這個新事物引起的間接反應。

接下來，就拿我比較熟悉的媒體來舉例子。媒體，我們通常理解就是用於傳播訊息的。傳播訊息主要就是兩個指標，第一是傳播的帶寬，也就是訊息量；第二是傳播的速度，也就是效率。不管多先進的媒體，也無非就是把更多訊息傳播得更快而已。但是，在實際的歷史進程中，訊息傳播工具的每一次迭代，都會引發間接的社會後果，而且影響要深遠得多。

我們來一個個看。

在報紙出現之前，公眾輿論這個東西是不存在的。因為民間想傳播一點東西，主要就靠說，但是聲音能傳多遠？而且說的內容經過七嘴八舌一轉述，肯定會面目全非。所以人們很難大範圍地普及一個觀點，更不可能就一個問題達成廣泛的共識。

但是，有了報紙之後就不一樣了。報紙是十七世紀初在歐洲普及的，沒過幾年，歐洲就出現了啟蒙運動。這很大程度上是因為人們可以通過報紙，把自由、平等、民主等等觀點寫在紙面上，再分發到各個角落，然後達成大範圍的共識。這不就是公眾輿論的源起嗎？

有了公眾輿論，民間力量的集中爆發就成為可能。所以有歷史學家就說，法國大革命，乃至後來一系列革命的爆發，就是有報紙的結果。

但是報紙也有局限。首先，你得認字吧；其次，你得在城裡，因為當時的報紙在鄉下是訂不到的；最後，你還得有錢買報紙吧。報紙當時是屬精英階層的東西。

後來，當廣播出現的時候，帶來的是又一次訊息爆炸。因為和報紙比起來，廣播傳播的門檻更低了。不識字、沒錢買報紙都沒關係，你甚至都不用看，一邊幹活一邊聽也行。這麼高的滲透效果，肯定會有人利用它來搞事情。

希特勒用它搞事情，搞出了納粹獨裁政權。羅斯福也用它搞事情，搞出了溫暖一代美國人的「爐邊談話」。無論是做好事，還是幹壞事，廣播都提供了一種空前強大的社會動員工具。

不過沒多久，又出了一件新東西，就是電視。電視帶來的改變，表面上看不就是有了圖像嗎？其實遠遠不止於此。

首先，電視催生了大眾文化。不管是書籍、報刊還是小說，都是書寫文化，不同類型的讀者很容易被分割，比如寫兒童讀物用的是小孩語言，寫女性小說用的是女性語言。這種閱讀文化下，女性往往對男性讀物沒什麼興趣。這麼一來，男女之間即使有著相似的教育水平，他們所接受的訊息也大相逕庭。

但是電視老少男女皆宜，電視興起後，所有的人接受相同的訊息，看同樣的電視劇，喜歡同樣的明星，整個社會談論同樣的話題，就出現了文化混同的現象。看過春晚的人都懂，什麼叫電視對一個社會的整合作用。

還有更重要的一點，就是「被觀看」成為了一門大生意，這就對很多產業有了重大影響。舉一個例子——奧運會。

其實早期的奧運會是禁止職業運動員參加的，因為職業運動員指的就是那些以體育比賽為生的人，參加比賽是為了賺錢。奧運會禁止這些人參加，根本上是為了強調一種純潔的競賽精神。那這個情況為什麼會發生改變呢？根本原因就是電視的出現。

因為有了電視，看奧運會的人越來越多，它的影響力越來越大，觀眾的需求也越來越重要，這就產生了三個後果：

第一，運動員訓練越來越專業化，政府就得給運動員發錢做為補貼。這時大家都從中賺錢了，所以再談業餘還是職業已經沒有什麼意義。

第二，觀眾想看最精采的比賽，所以最終還是得允許職業運動員參賽。

第三，藥檢越來越嚴格，但是依然防不勝防。因為在商業化時代，贏得比賽的誘惑實在太大，體育道德出現了嚴重的危機。

這些後果，都是電視引發的間接後果。

電視之後，網路的出現帶來的改變就更大了，而且大多都是我們說的這種，和媒介表面的特性沒什麼關係，是一系列間接後果。總之，很多新事物出現的時候，總會有人說，這和我沒什麼關係。果真如此嗎？

按照《三體》裡面講的「接觸符號論」，它不用跟你有直接的關係，但它是一個大家都接受的符號，就很可能會讓你的生活從此天翻地覆。

我們要警惕一切
人類對自己行為的解釋。

第5章

社會百態

人類為什麼會養貓？

很多小動物都很可愛，貓熊、兔子、狗都很可愛，但是沒有一個能像貓這樣，把所有「像嬰兒」的要素集於一身。

最近我看了一本書，叫《我們為何成為貓奴？》。書裡回答了一個問題，一個我從來沒有想過的問題：人類為什麼會養貓？

你可能覺得這還用說嗎？貓可以抓老鼠，保護糧倉，我們不就是因為這個才馴化了貓嗎？這確實是我們最常聽到的說法。在大概一萬年前，人類在兩河流域定居，開始進入農耕文明，囤積的糧食引來了老鼠。人類發現貓可以抓老鼠，這才把牠養在身邊。

貓會抓老鼠，這沒錯，但是也有疑點。人和狗的合作，是一個良性循環。狗在食物上越依靠人類，就越要給人類幹好活，比如看門、打獵、當朋友，見到人搖尾巴。所以狗和人是越合作越緊密。

可是貓不一樣。貓和人的合作，如果是基於抓老鼠，這個合作不是一個良性循環。貓的食譜非常寬，鳥、魚、兔子、蝙蝠、蜥蜴，甚至素食牠都吃。人類把貓養在身邊，就得提供吃的。可是人提供了食物，貓吃老鼠的願望肯定會大大降低。貓又不傻，有容易獲得的食物，自己為什麼還要費勁呢？

如果養貓是為了抓老鼠，從長期來看，這個手段和目的是相悖的。人和貓的關係越緊密，結成這個關係的必要性就越低。那貓和人是怎麼一起混了一萬年的呢？

事實上，美國一個農業協會的調查發現，即使在老鼠很多的鄉村，貓抓老鼠也並不積極，只有三分之一的貓在抓老鼠。所以在很多有貓巡邏的農場，還是老鼠橫行。更不要提城裡人養的貓了，貓基本上都不會抓老鼠。

還有一個疑點，馴化是什麼？本質上就是人類選擇代替了自然選擇。人類是通過干涉動物的交配來選擇自己要的性狀。比如說狗，根據人類需要，我們介入牠們的生殖過程，所以就有了各種各樣的狗，負責打獵的、負責導盲的、負責賣萌的。所以狗的體型差別特別大。

但是貓呢？雖然也有不同的品種，但是大體上沒有什麼區別，也談不上功能分化，因為人對貓的交配控制力很弱。

我特地問了懂貓的同事。他們的回答是：貓有特別強的領地意識，突然把兩隻陌生的貓關在一起，哪怕一公一母，哪怕母貓在發情期，牠們也得打起來。就算我們循序漸進，先讓兩隻貓慢慢熟悉，然後慢慢靠近，但只要牠們其中有誰沒瞧上對方，那也是見一次打一次。一個堅持「自由戀愛」的物種，我們人類其實談不上馴化了牠。

人和貓的關係還有一點奇怪。狗和人類的關係是典型的主僕關係，人提供保護和食物，狗提供服務和忠誠。但是貓不一樣，養貓的人自稱貓奴，稱貓是貓主子。雖然是開玩笑，不過還是說明了人和貓的主僕關係好像不是那麼分明。你看一眼貓對人的那種愛搭不理的神情就明白了。

現在全球範圍內有大概六億隻家貓，是狗數量的三倍，可見人類更喜歡貓。在網上，關於貓的內容還更容易被轉發。根據Facebook和Twitter的統計，有關貓的內容轉發量，大概是狗的兩倍。

所以這就奇怪了，人類到底為什麼要養貓？答案不是「為了抓老鼠」那麼簡單，需要另尋解釋。

《我們為何成為貓奴？》這本書就提出了一個觀點，說這是因為貓恰好觸動了人類會覺得「可愛」的所有開關。你可別覺得「可愛」很簡單，「可愛」其實是一組特殊且強大的物理特性。動物行為學的開創者洛倫茨就曾經說，這個特性叫作「憐幼觸發特質」。貓的外表特徵，天生長得就像人類的嬰兒，它的外形會觸發我們釋放荷爾蒙，讓我們像愛小嬰兒一樣愛牠。

很多小動物都很可愛，貓熊、兔子、狗都很可愛，但是沒有一個能像貓這樣，把所有「像嬰兒」的要素集於一身。

我們來詳細數數。比如貓的體格，平均四公斤，抱著貓和抱人類新生兒的感覺差不多。貓的叫聲，能讓人聯想到小孩的哭聲。有研究還表明，在進化歷史上，貓可能有段時間有意調整過自己的發聲，就是為了能更準確地模仿人類小孩哭。人一聽貓叫，馬上愛心氾濫。

再比如說，貓是食肉動物，為了撕裂食物，牠們進化出了短小有力的下顎，這讓牠們的臉是甜甜的圓臉。我們人類當然更喜歡圓臉。牠們依靠視力而不是嗅覺捕獵，所以鼻子是小小的，這也符合人的特徵，這就比大部分狗更可愛。

最大的秘密還在於貓的眼睛。貓的眼睛非常大，成年貓的眼睛和人類的差不多大，大眼睛在一張小臉上就顯得格外水靈。不信你去看看那些漫畫，動漫裡的人物，眼睛的面積通常要占到面部的三分之一。真要在現實中看到這樣的人，那得嚇死，會像怪物。但是在動漫裡只有這麼畫，才覺得好看。你養一隻貓，就相當於養了一個活的動漫嬰兒。

而且貓眼睛的構造也和人類相似，這非常重要。你會發現，一般動物，尤其是食草動物，比如兔子、馬，牠們的眼睛都是長在腦袋兩側的。這是為了視野能更開闊，更好地觀察周圍的情況，萬一有捕食者好逃跑。

但是貓不一樣，牠們在進化史上就一直是最好的埋伏型獵手。牠們為了能撲倒快速移動的獵物，必須有精準目測距離的能力，牠們的眼睛能迅速聚焦。這種能力就需要兩眼的視野高度重合，所以貓的眼睛位於頭前部的中間，和人類一樣。

我們人類是靈長類，祖先是猴子，我們又不是獵手，為什麼眼睛也長在頭的前部呢？因為我們當猴那段時間是在樹上生活的。這就有兩個要求。第一，想要在樹林裡自由穿梭，就得準確地把握樹枝間的距離，所以眼睛能聚焦很重要；第二，靈長類主要靠吃果子為生，在樹上準確地瞄準一顆果子還是很重要的。這都需要兩眼的視野高度重合。雖然用途不一樣，但貓的眼睛又巧合地和人類非常相似。

到此不用再多舉例子，我們便可以給出答案了：人和狗彼此依存的關係，是建立在現實需求的基礎上。但是人和貓的關係，是建立在審美和情感需求的基礎上。人養貓，不管人有沒有清晰地意識到，本質上都是在養一個孩子的替代品。只有從這個角度，我們前面說的那些奇怪的事情才能說得通。

聊這個話題，其實是想說，我們要警惕一切人類對自己行為的解釋。我們都知道，讓我們人類去做一件事情的理由很多，有理性的原因，有感性的原因，還有隨機和偶然的原因。但是真到了解釋的時候就不一樣了。我們通常會給出一個理性的理由。

這倒不是有意欺騙，而是在很多情況下，我們真堅信自己有一個理性的理由。比如，我們是因為要捉老鼠才養貓，我們是因為喜歡另一家公司的文化才跳槽，我們是因為這個人幹了什麼事才不喜歡他。

也許這些理由有點道理。但是，真正的原因也許需要我們下潛到自己人性的那些幽暗、深遠的地方，潛到自己也沒意識到甚至也不願意揭開的深處，才能找得到。

貓熊是失敗物種嗎？

任何物種活下來可能都得是三個因素俱全：會適應、能等待和運氣好。

人類錯怪了大貓熊，牠不是生存的低能兒。在天然環境中，大貓熊的生存策略是非常有效的，甚至是成功的。

但是話又說回來，大貓熊的生存策略再有效，但畢竟是在天然環境裡，現在哪裡有什麼天然環境，到處都是人。環境畢竟在變，原有的生存策略不能適應新環境，這本身就是物種被淘汰的原因。所以，大貓熊在結果上把種群數量搞得那麼少，仍然是個失敗物種。

在我們印象中，大貓熊是非常珍稀的動物。但是過去幾十年，全球野生大貓熊的數量從最開始的一千多隻，增加到了現在的接近二千隻。大貓熊在世界自然保護聯盟的瀕危等級，也從「瀕危」級別下降到了「易危」，也就是沒有那麼危險的級別。如果你瞭解一下人類社會對於大貓熊的喜愛程度，我敢說牠已經沒有什麼危險可言了。那現在的大貓熊還是失敗物種嗎？

你可能會說，這不是因為過去幾十年人類保護了牠嗎？中國人為保護大貓熊花了多少錢啊？這不是大貓熊自己的生存能力的結果。但是跳出來一想，人類不是大自然之外的存在，人類就是環境本身。在地球這個系統內，人類只是一個新變量而已。這個變量和歷史上的那些真正帶來翻天覆地改變的大變量相比，比如二十六億年前的「大氧化事件」相比，人類帶來的改變還微不足道。大氧化事件，地球上突然出現大量的氧氣，原來不適應這個變量、不需要氧氣的生物大量滅絕，留下了適應氧氣的。這種天翻地覆、滄海桑田的大變化，地球生物演化歷史上出現了很多次。地球上的生物就是一路穿越這些大事件存活到今天的。人類對於他們來說只是最新的一次大變量而已。

按照幾十億年的生物演化的尺度來看，這次也不會例外，就是一個物種如果適應人類就能留下來，如果不適應人類就被淘汰。

就像雞從一種野生的鳥類，變成今天人類最穩定的動物蛋白質的供應者，在基因的角度來說，極其成功，現在有二百億隻雞。其他像貓、狗、豬、馬、牛、羊也是一樣，從生物進化史來說，都穿越了進化剪刀，是非常成功的物種。

帶著這個視角，我們再來看貓熊，牠的成功就耐人尋味了。對於早期人類文明來說，貓熊的價值不大，所以牠才變得岌岌可危。人類早期對待動物，要嘛要動物的肉，要嘛要動物的皮毛，要嘛要某一項功能。貓熊的肉不好吃，皮毛質量也不好，還比不上當時的牛皮，賣不上價錢。野生狀態下貓熊還會下山闖入村莊，踩壞莊稼。甚至有村民看見貓熊闖進人的家裡吃鐵鍋，其實貓熊不是吃鐵鍋，而是舔鍋上的鹽分，所以村民給牠起了一個名字，叫「食鐵獸」。貓熊當時有這麼個名字，在當地人的印象中，肯定是不受歡迎的。

貓熊的命運是怎麼轉折的？我們簡單看一下過程。

清朝末年，有大量的西方傳教士來中國傳教。一位法國傳教士在四川一戶農民家裡發現了一張貓熊皮，覺得很獨特，就花錢把它買下來，然後寄回了法國的博物館。博物館的人全都驚呆了，其中一個人這樣說：「我從未在歐洲的博物館裡看過這樣的物種，而且這是我見過的最美麗的種類，也許牠將成為科學上的新發現！」他們可不是為了一個新發現的物種而興奮，更重要的是兩個字，「美麗」。對，貓熊的審美價值，第一次被看到了。

很快，大貓熊美的這個風潮席捲西方世界。美國芝加哥的菲爾德博物館，花了大價錢組織去中國的探險隊，而且他們請的人名頭很大，是美國前總統西奧多·羅斯福的兩個小兒子，他們成功獵殺到了一頭體型巨大的成年貓熊。這隻貓熊就被做成標本，運到美國展出，芝加哥的菲爾德博物館聲名大振。

一九三六年，紐約的一位女服裝設計師哈克利斯，帶領探險隊，在四川抓到了一隻貓熊幼崽，偷運出中國。這是不光彩的事，但是這讓她在美國光彩得不得了。她和貓熊還在路上，越洋電報早就把消息傳遍了美國。輪船在舊金山碼頭靠岸的時候，正是一九三六年聖誕節的前一天，美國人在碼頭上舉行了盛大的歡迎儀式，為他們安排了最豪華的套房，召開了隆重的歡迎晚會。

貓熊後來被送到美國許多大城市展出，所到之處無不引起轟動。後來，貓熊到了芝加哥動物園，第一天就有五萬三千人買票專門來看貓熊，這個紀錄到今天還沒有被打破。那一週內，動物園的門票收入就覆蓋了全年的財務支出。一九三七年的美國可還在經濟大蕭條啊，但是美國人為了看貓熊還是捨得掏錢。

大家為什麼會這麼喜歡大貓熊？是所謂的保護野生動物嗎？比大貓熊更瀕危的動物很多，怎麼沒有受到這樣的保護？原因只能有一個，貓熊的樣子實在是太可愛了。

我們這裡不說可愛，說一些理性的話，大自然中只要是需要父母照顧才能長大的動物，基因裡面一定有這樣的設置，就是對自己的幼崽有一種天生的愛。沒有這種愛，這個物種就延續不下去。人也不例外。貓熊為什麼可愛，因為牠太像人類的孩子了，而且是人類孩子最可愛的那個階段的樣子，憨態可掬，撒嬌賣萌。所以，貓熊是全人類的寵物，牠扮演了全人類的孩子的形象。這是自然界給人類預先置入的一段自動執行的程式，被貓熊瞎打誤撞地趕上了，人類的愛正好落在牠身上。貓熊長成這樣，牠又不知道自己可愛。

那為什麼大貓熊老家在中國，但是對牠的喜愛是從西方社會開始的呢？這不是因為東西方有不同的審美標準，事實上西方人欣賞貓熊的美，而中國人、日本人一樣狂熱地喜歡貓熊。根本原因是，只有在現代社會條件下，貓熊的美才能被看到。

你看著貓熊憨態可掬，但是完全無法家養。牠不僅體型巨大、食量巨大，還特別挑食只吃竹子，而且戰鬥力也不弱，爪子像手術刀那麼鋒利，咬合力量也是猛獸級別的。所以在現代社會之前，牠只能給當地人帶來困擾，牠的美是無法被現代社會之前的人欣賞的。牠和觀賞魚、觀賞鳥是不一樣的。

只有在現代社會，人類有了專業動物園的飼養條件，有了大眾媒體可以遠距離地傳播貓熊的美，有了現代文化創意產業對於貓熊形象的反覆詮釋，貓熊才可以成為全人類的寵物。所以貓熊的美是和現代社會同步誕生的。

總結一下，第一，人類可不能把自己看成是大自然之外的東西，人類就是環境變遷的一個新變量、一個因素；第二，只要是有本事適應環境新因素的物種，就是能夠穿越「進化剪刀」生存下來的成功物種。不管牠用的本事是像雞那樣提供食物，還是像狗那樣看家護院，還是像貓熊那樣撒嬌賣萌，只要適應環境都是真本事；第三，新因素雖然不斷出現，但也是在不斷變化中的。就像我們人類，做為新因素也在變化。貓熊光等到人類出現是沒有用的，還得恰好踏上那個時間點。想像一下，如果人類社會現代化的過程再遲幾百年，動物園和大眾傳媒的出現再遲幾百年，貓熊今天還在不在就不好說了。

所以，任何物種活下來可能都得是三個因素俱全：會適應、能等待和運氣好。

什麼味道才叫地道？

川菜中並不存在源遠流長的辣的傳統。而且你如果經常吃川菜，你會發現，很多經典川菜其實是不辣的。那所謂地道的川菜，這個「地道」到底是怎麼形成的？

在吃這個方面，我們中國人特別講究吃個地道。那什麼是地道呢？我們有個簡單的判斷方法，地道不地道由本地人說了算。比如川菜，地道的川菜就是四川人在日常生活中就吃的，四川本地人最認可其口味的菜就是地道的川菜。

這樣的體驗我們每個人都有，但凡要吃地方特色，都要問問從那個地方來的人。人家要是嚐了之後搖頭說不地道，我們即使覺得還行，也會有一種上當受騙的感覺。地道這個事，話語權好像是握在當地人手裡的。

但是，這個認識恐怕是有問題的。還是拿川菜來舉例子，一提起川菜，大家腦子裡蹦出來的第一個字就是「辣」。這似乎是我們給川菜特色的首要定位。

但是你要追溯歷史，這個事就出現疑點了。辣椒原產地是美洲，美洲的農作物能傳出來，靠的是哥倫布大航海。辣椒傳入中國，就不可能早於一四九二年哥倫布到達美洲。一四九二年是中國的大明弘治五年。事實上，辣椒、馬鈴薯和番茄，這些原產地在美洲的食材傳入中國，是明朝末年的事情。而四川人普遍吃辣，那還得追溯到清代初年。

因為明末戰亂，四川人口大減，所以清代立國之後，就從各地引入人口到四川，這就是著名的「湖廣填四川」。換句話說，今天土生土長的四川人在清代以前，大多都不是四川本地人。移居四川的人不管是自願的還是被迫的，大概率都是窮人。生活貧苦，沒有太多優質的食物來源，經常吃一些野菜或者經過醃製、燻製、發酵的食物，而辣是調味品中比較有遮蔽性的，能夠掩蓋食材中不新鮮的味道。辣椒其實是這樣流行起來的。說起來都是窮人的事，都是淚。

所以川菜中並不存在源遠流長的辣的傳統。而且你如果經常吃川菜，你會發現，很多經典川菜其實是不辣的。那所謂地道的川菜，這個「地道」到底是怎麼形成的？

實際上，川菜的變遷史有兩個轉折點，這兩點其實跟外部因素有關。一次是外地人跑來四川開餐館，結果外地和尚來本地念經，把經念歪了，搞出了一套傳統。另一次是四川人把餐館開到了外地去——本地的和尚跑去外地念經，又把經念歪了，形成了新傳統。兩次變化的結果，都叫地道。

先說說外地人是怎麼來四川開餐館的。

清代太平天國戰亂，但是四川地區還相對安定，所以四川就成了各種糧食財富的轉運中心，難免聚集了一批富商高官，有錢人來了之後，重慶被做為長江中上游的良港開放了，各種內外資本都湧了進來，更多有錢人來了。有錢人來了，一定會跟來頂尖的大廚，許多菜館由此崛起，是這些外來戶奠定了現代川菜的基礎。

這時候川菜口味並不以辣為主。因為一辣就嚐不出別的味兒了，富人是高級食客們，當然不滿足於這種粗暴的吃法。

舉個例子，就說以成都、眉山為中心發展出了所謂的「上河幫」川菜，這種菜傳承了官府菜的特點，用料精細，口感溫和。上河幫菜有道名菜叫「開水白菜」，一聽就知道非常清淡。所謂的「開水」，其實是清雞湯。這雞湯要用老母雞、老母鴨、火腿、蹄肉、排骨、干貝等高檔食材分別去雜後，放入煮沸的鍋裡，再加上料酒、蔥蒜等調味品調製煨煮四小時以上。之後，再把雞胸脯剁成肉蓉，加入鮮湯攪成漿狀，再倒入鍋中吸附雜質。反覆吸附兩、三次之後，雞湯變得越來越清澈，看上去像是開水，但香味濃郁，口感細膩。講究吧？因為這菜原本可是名廚黃敬臨在清宮御膳房時創製的，是標準的宮廷菜。只不過帶到了四川，成為川菜經典。

除了宮廷菜外，川菜還受到淮揚菜、杭幫菜、魯菜等各地菜系的影響。比如民國初年有一位叫周善培的食客，是一位官宦子弟，他本來是浙江人，在成都定居後，把江南口味帶到了當時非常有名的川菜館「正興園」。正興園後來培養出大量川菜廚師，對川菜菜品的定型起到了相當重要的作用。

上河幫出的菜，先說幾個你熟悉的：宮保雞丁、螞蟻上樹、回鍋肉、魚香肉絲，這些都已經成了大眾家常菜。還有些估計你不熟悉的：青城山白果燉雞、甜燒白、菊花豆腐，菜單上都不怎麼看得到，就更別說知道它們的來頭了。它們有一個共同特點，不辣。

而現在人們印象中的川菜，都是水煮魚、辣子雞丁、泡椒牛蛙等口味辣的菜，這些也屬川菜，但原本並不是川菜的主流。那麼，為什麼我們對於川菜的印象都是「辣」呢？這就要說到第二件事，四川人把餐館開到外地去之後發生的事。

這個時間轉折點，其實很遲。差不多是一九八〇年前後，也就是僅僅發生在近四十年。改革開放，城市化，人口遷移，也正是在這段時間裡，辣才成了川菜的標誌性味道。

飲食文化傳播的方向，一般是從勞務輸出地區傳入勞務輸入地區，簡單來說，就是貧困地區的人去發達地區打工，會把家鄉飲食帶過去。四川是一個人口輸出大省，四川人在外地開餐館，自然要做川菜。

但為什麼他們做的川菜都是重油重辣的菜呢？前面也提到過，辣這種口味很容易吸引人，做起來也簡單，不會像開水白菜那麼費工夫，對吃的人和做的人來說省時、省事，還省錢。麻辣燙、火鍋店這種就更好辦了，基本不需要大廚。

另外，外出打工的大部分肯定還是平民百姓，他們本身也不熟悉那些高端川菜，很可能也沒怎麼吃過，更別說會做了。開水白菜、菊花豆腐、香橙蟲草鴨這類風雅的高端川菜，雖然還不至於失傳，但在大眾眼中基本上就和川菜脫離關係了。

當然還有一個原因，因為辣好形容、好傳播。大眾飲食比如肯德基、蘭州拉麵，你能用一個簡短的詞語形容它嗎？可能很難。但辣不一樣，辣單一、鮮明、辨識度高。而且辣跨很多感官，比如辣既是味覺，但是在吃的體驗上，辣又容易讓我們想起「爽」，辣還容易讓我們想起辣椒的紅。

辣那麼簡短的一個字跨了那麼多感官，傳播上自然有優勢。這樣的川菜館越來越多，漸漸地，地道的川菜就變成辣的了。

回顧一下川菜歷史上的兩個關鍵轉折點：第一，外地人來本地；第二，本地人去外地，這才能形成地道的川菜。其實不止川菜，所有的菜系都是這樣，甚至全世界所有地方的食物都是這樣，人類所有的文化發展也都是這樣。

所以，當我們在歌頌一個傳統的時候，不管我們胸中湧起多少對時光的敬畏，不管我們用的詞是經典還是地道，我們心裡都得清楚一件事：地道一定不是原生封閉、停滯不變的結果，一定是雜交混搭、外來刺激的傑作。

人的成就跟勤奮、
智商的關係沒我們想的那麼大。

聰明人為什麼往往不好打交道？

聰明人做的社會性思考少，人際關係的連接度就低，同理心就差，所以顯得脾氣大。

最近我偶然翻到了一本書，叫《社交天性》，作者是美國社會心理學家馬修．利伯曼。

這本書本身的內容是講人為什麼是一種社交動物的，其中有些洞察很有意思。比如，人為什麼通常都害怕在公開場合下演講？其實我們擔心的不是內容，不是怕演講得不好，不受歡迎。站在人類社交天性的角度理解，真正讓我們覺得緊張的原因是：一旦站到了很多人面前演講，就讓一個風險大增——不喜歡自己、拒絕自己的人數大增。

雖然我們知道公開演講有各種各樣的好處，但做為一個社交動物，我們其實內心裡非常恐懼在社交上的成本和損失。現在你明白了，為什麼一句「不跟你玩了」是小朋友的世界裡最嚴厲的懲罰。但是這不是我的重點，我想說的是，在這本書的一段材料中，我突然悟到了為什麼現在有這麼多宅在家裡的人。

既然人是社交動物，為什麼現在有那麼多人願意一個人關在家裡，長期不和人打交道也過得很好？比如有日本電視節目就報導過，有一個宅男從十六歲開始整整二十七年沒有出過門，被稱為「日本第一宅男」。要知道，不讓一個人和他人接觸，這過去是監獄裡對待重刑犯的一種懲罰措施，比打他一頓還嚴厲。宅是一種很奇怪的現象，違反人的天性。

那我就來說說我從《社交天性》這本書裡得到的啟發。

我先來問一個問題，我們人的大腦閒下來的時候在幹嘛？你可能會說，閒下來的時候，當然是什麼也不幹啊。我以前和你的看法是一樣的，看了這本書以後我才知道，其實我們的大腦會把所有的空閒時間利用起來，只幹一件事兒，那就是思考他人和自己的關係。你體會一下，你這會兒什麼事都沒有，坐那裡閒待著。你發現你的大腦一會兒想想這個人，一會兒想想那個人，一會兒在這個關係裡待一會兒，一會兒在那個關係裡做做白日夢。

這既符合我們的日常經驗，也符合科學家的發現。

神經科學家們用一種大腦掃描技術，可以追蹤到不同腦區啟動或關閉的情況。你可以想像一下這個技術，就好像你的大腦是一個可以發光的地球儀，某個腦區開始執行任務的時候，被驅動的神經元變多，那個部分就會亮起來。在儀器上看起來，你的大腦可能是這裡亮一下，那裡亮一下。神經科學家們發現，在你的大腦不做某一項具體的任務時，會有一系列腦區變得活躍，亮起來。

也就是說，不管你剛才是在做數學題還是在畫畫、開會發言，只要你停下來，進入什麼都不幹的狀態，你大腦中的一個區域就會馬上打開，自己開始運轉起來。神經科學家們管它叫作「默認網路」，也就是一個會在默認情況下打開的網路。就像你手機開機之後，不用經過你同意，就會自動啟動的程序。那這個默認網路的作用就是社會認知，也就是你對自己、他人以及你和他人關係進行的思考。

一系列實驗發現，不管你原來在執行什麼任務，只要接到休息的命令，這個休息的時間無論是三十秒還是二秒，你的大腦都會打開這個「默認網路」。換句話說，這不是你主動的選擇，這是完全下意識的。進一步研究還發現，不僅成年人是這樣，即使是剛出生的嬰兒也是這樣。人在什麼都不想的時候，默認就開始想各種人際關係。

《社交天性》這本書我看到這兒，突然就想通了好幾個現象。第一個現象是，為什麼人的認知能力看起來差距極大，但是生存能力差距沒有那麼大？在傳統社會這個現象看起來更明顯。換句話說，為什麼有的人看起來笨笨的，能力沒有那麼好，但是混得也不差？

你聽懂我剛才的那個原理，這筆帳就好算了。認知能力強的人，天天集中精力思考問題；認知能力不那麼強的人，好像天天什麼都沒想，但其實他在想人際關係的事，大家智力活動的底盤其實是差不多的。所以一個人的成就跟勤奮、智商的關係沒我們想的那麼大，人家沒閒著，他某個方面的能力，沒準比我們還強一些。

還有一個現象，就是為什麼聰明人往往都不好打交道？本事大的人，往往脾氣不好。過去我們以為，這不過因為他們自負、驕傲、看不起人。但是如果從大腦的這個現象來看，還真不見得是因為什麼性格因素。

聰明人往往善於做目的性很強的思考。比如做數學題，比如實施某項計畫。問題是大腦的帶寬就那麼多、時間就那麼多，幹了這樣就不能幹那樣。目的性很強的思考多了，那種漫無目的的社會性思考就少了。這兩個神經網路是互相矛盾的，就好像翹翹板的兩頭，你開啟我就關閉，一個打開的程度高，另一個關閉的程度也就高。

聰明人做的社會性思考少，人際關係的連接度就低，同理心就差，所以顯得脾氣大。

想通了這兩個現象，第三個現象，也就是前面我們提到的那個「宅男」的現象，也就有了解釋。其實一個整天宅在家裡的人，是什麼都不幹嗎？不是。按照今天講的理論，一個什麼都不幹的人，會在人際關係裡面想三想四，這是下意識的，他自己都控制不了的。所以，他反而會約人吃個飯打個球聊個天什麼的，這樣的人不會宅在家裡。

宅在家裡的人，上網、看小說、看影片、打遊戲，通常都忙得很。他的大腦是在做目的性很強的活動。

我曾經講過一個概念，叫「國民總時間」。很多產業在爭搶的就是對人的時間份額的占用。他們用什麼東西來搶？當然是目的性很強的認知活動。每一款遊戲、軟體，都希望你盡可能利用所有閒暇時間，把每一分、每一秒都分配在目的性特別強的事情上。

比如說打遊戲，你的大腦會調動起各個腦區，配合在一起，才能打得好遊戲。那個在無所事事情況下才會自己打開的默認網路，當然就無機可乘了。

所以宅男是什麼人？他們不是懶人，是一群被目的性智力活動占用了全部大腦帶寬的人，他們恰恰不懶，是一點時間都不肯浪費的人，是沒空想人際關係所以也人際關係能力低下的人。

想到這裡，我不禁倒吸一口涼氣。我們從小就被灌輸一種觀念，要珍惜時間，要把時間安排到各種有用的事情上，這本身沒有錯。

但是在現在的商業環境下，每一種商業服務都把自己打扮成非常有用的樣子，占用我們的一部分時間。它們在我們的腦子裡擠來擠去，最後的結果就是我們被迫關閉了那個至關重要的默認網路和裡面的社會認知功能。我們追求能力，但到頭來反而是對自己的能力造成了致命的損害。

我又順便想通了第四個現象：為什麼創業者群落裡，比如矽谷，特別流行冥想？刨除冥想中的那些神秘主義色彩的活動，你會發現，它其實最核心的作用就是一個，強制性地把大腦清空，把注意力集中到自己的身體和心靈內部，把目的性很強的認知活動暫時關掉一會兒。在冥想結束的那一剎那，我們才有可能回到對人際關係想三想四的本來面目，重新回到一個人的正常狀態。

超模是怎樣練成的？

其實，在所有真實的競爭中，運氣和努力的關係，從來都是這樣的：靠運氣一路支撐，以至於你在關鍵時刻有機會付出努力；或者反過來，你一直努力，以至於你在關鍵時刻有機會看看自己有沒有運氣。

這題目有點扯，怎麼讓自己成為超模？答案可能會讓你失望了。除非你的稟賦好到不像話，否則沒有任何確定的道路讓你成為超模。

這話站在行業外部，好理解。比如你跟我羅胖說，你這一輩子成不了超模，我馬上就信了。我認命了，我心裡一點不難受。但是如果你跟一個身高一百七十公分、長相不錯、身材不錯的姑娘說，無論多麼努力，沒有任何道路能讓妳成為超模，你覺得她會信嗎？

我們從小受到的教育都是，只要天賦不錯，在任何一個行業裡都有努力的空間，都有向上攀升的道路。

但是，最近我讀了一本書，叫《美麗的標價》，作者阿什利·米爾斯的身分很有意思，她既是一位紐約的一線超級時裝模特兒，也是一位研究社會學的教授。她是紐約大學的社會學博士，當了幾年模特兒之後，現在是波士頓大學的社會學副教授。在美國學術界，她號稱是最美麗的副教授。

經過社會學訓練的人，看世界有一種獨特的冷峻和真實感。所以，你從米爾斯寫的模特兒行業中看到的肯定不是雞湯，不是什麼成為超模的道路，而是這個小世界裡的殘酷性。

我們一般都以為，模特兒就是美麗、漂亮的身體。但是，在一個專門經營美麗的行業裡面，只使用「美麗」這個詞就顯得太粗糙了。實際上，對於模特兒來說，重點不是美麗，而是一種瞬間的氣質。注意這個詞，「瞬間」，我們會反覆提到。

一個時裝模特兒走秀，從亮相到走台步到轉身到下場，不過幾十秒的時間。在那種鬧烘烘的花團錦簇的場子裡，要想讓觀眾留下印象，光有鄰家小妹的那種美是沒有用的。必須有一種瞬間能讓人感知到的東西，那叫氣質。

但既然是瞬間，就麻煩了。要想成為頂級模特兒，就必須要能穿過兩層篩選網路。第一層是標準，第二層才是感覺。既然是靠瞬間氣質，光靠觀眾感覺不就行了嗎？為什麼還要有標準呢？因為想當超模的人太多了，無論是商家還是經紀人，面對那麼多候選對象，他只能用統一的標準來篩選。所以這才有了各種要求，比如女模至少要一百七十五公分以上，三圍接近七十八公分、五十八公分、八十五公分，男模身高要在一百八十三到一百九十公分，腰圍在六十八到七十公分。這些都是古老而好用的標準。

身材符合了標準就登上了一級台階了嗎？過去我們總是這麼認為的。看完了《美麗的標價》這本書，我才知道，可能恰恰相反，符合身材標準的模特兒，恰恰進入了一個更混亂的挑選環境。打個比方你就明白了。大公司到大學畢業生中挑人，當然需要標準，比如要求你是名校畢業。但是當大量拿著名校畢業證書的人真來了，接下來呢？其實大公司還是沒有明確的挑選標準。但是這個時候，你在公司眼裡已經不是一個活生生的人了，你身上帶的氣質、稟賦、獨特性那些東西全部被刪除，這個時候你變成了一張簡歷，公司是憑這張簡歷來挑你，所以下面的事情就更得憑運氣了。模特兒行業也是一樣。如果你是一名模特兒，符合了基本的標準。

那接下來拚的是什麼呢？還記得我們剛才說的那個詞嗎：瞬間。對，下面就是為了獲得更多被看見的瞬間的博弈，就是我被看見的瞬間比你多。博弈手段就包括了撒謊。

我們都知道那句話，一胖毀所有，一瘦全都有。但是，在全是好身材的姑娘群體裡，多瘦才算好看呢？這就沒譜了。而且人的體重是浮動的啊，今天胖一斤，明天瘦一斤很正常。所以，如果你是一個模特兒，如果客戶讓你填體重數字，你填多少？答案是，既不是今天重多少，也不是最胖或者最瘦的時候是多少，而是看你需要多少。

不僅是體重，經紀人給模特兒準備的資料，年齡、身高、三圍這些數字，都是浮動的。經紀人也會揣測不同客戶的需求，為了推銷出自己手裡的模特兒，他們會篡改模特兒的數據。

可是模特兒的身材數字是用來穿衣服的。你把自己的數字寫小了，到時候衣服穿不上怎麼辦？這種事經常發生。怎麼辦？你得減肥。所以很多模特兒現場很尷尬，一邊像灌香腸一樣把自己灌進那個腸衣，結果又會為自己身材焦慮，還為自己撒謊焦慮。

還不僅是這些硬指標，還有一些軟指標，比如個性。這還是取決於你見的客戶，經紀人可能告訴你這一場面試你是一個十八歲的甜美少女，下一場面試你要表現出二十歲的叛逆，再下一場你要表現出憂鬱的氣質。

所有這些改變，不管是通過努力改變，還是通過撒謊改變，為的就是多一些面試的機會，多一些瞬間內被看到的概率。

反過來看，對模特兒做挑選工作的人，形成判斷的時間極快，他們沒時間慢慢瞭解你的內在，等待你成長。這個瞬間感覺不對，模特兒的再多努力也是白費。誰在做這個挑選的工作？經紀人、星探、編輯、造型師、攝影師、設計師等。但是他們並不是模特兒的最終消費者，他們只是一個中介。最終使用模特兒的是這些中介的客戶，也就是服裝公司等機構。而中介仍然不是在作純粹的判斷，他們仍然是在揣測客戶。

所以，模特兒行業裡都知道，你想當超模，和這些經紀人搞好關係用處不大。因為這些中介天然的行為模式就是找到一個客戶，然後把大體符合要求的模特兒盡可能多地推薦過去，增加命中率。關係好不好，只要你差不多好，都會被推薦。經紀人自己也要吃飯的。

如果你過了經紀人這一關，被推薦上去了，是不是成功概率提高了一點了？其實細想一下也不是。因為經紀人是按一個大體標準推薦的。所以，等模特兒真的站到了客戶面前，他會發現兩個情況：第一，同時候選的人很多；第二，大家條件都差不多，客戶其實也很難選。

一個廣告公司的面試，面試導演三小時要見二百個女孩。亂花漸欲迷人眼，這麼短的時間看這麼多人，要想找到那個感覺對頭的瞬間，是不是也主要是靠運氣？

那那些超級模特兒是怎麼回事？難道都是碰運氣嗎？當然不是。當一個模特兒穿越了運氣的叢林，在終極的賽場上比拚的時候，實力就是決定一切的因素了。這樣的例子在模特兒界很多。紐約的一個資深秀場導演大衛，他看中了一個新模特兒，於是把他負責的十七場秀全部請她來參與。但是可想而知，這背後一定是這個姑娘無論是身材、表現力、人緣、敬業精神都是禁得起考驗的。

跟大家聊《美麗的標價》這本書，你可能會感覺有點不舒服。我們希望的世界是一分耕耘一分收穫，有努力總會見效果。但是模特兒這個行業，也許會讓我們看到這個世界另一個側面的真相。

其實，在所有真實的競爭中，運氣和努力的關係，從來都是這樣的：靠運氣一路支撐，以至於你在關鍵時刻有機會付出努力；或者反過來，你一直努力，以至於你在關鍵時刻有機會看看自己有沒有運氣。

這才是真實世界的樣子。

神童莫札特

這就是我們中國人熟悉的傷仲永故事和莫札特故事不一樣的地方。仲永是自己慢慢退化了，而莫札特在這條路上是越來越強大。

我們來聊聊「神童」這個現象。神童身上好像有一個詛咒，就是小時候很聰明，但是長大之後，成就反而一般。中國人有句話：「小時了了，大未必佳」。

比如我們小時候都學過一篇課文，叫〈傷仲永〉，王安石寫的。仲永是一個孩子的名字，五歲的時候，別人家孩子還不識字，他都會作詩了。稱得上神童吧？但後來到了十二、三歲，他就明顯倒退，再過幾年，他就一點兒出眾之處都沒有了。

課本的意思，大概是說，再聰明的孩子也不要驕傲，否則就會後繼乏力。一個神童在成年以後發展不順利，我們通常都覺得是這個原因。

最近我發現了一本書，《莫札特的成敗》，作者是德國著名社會學家諾貝特．埃利亞斯。這本書提醒我，神童遇到的挫折，不是簡單的驕傲自滿，在成長路上，其實還有一個更悲劇的因素在等著他們。

我們來看看莫札特的故事。莫札特當然是世界級的神童。他寫第一首交響曲的時候才八歲。這首交響曲，現在在網上還能找到，你可以體會一下，這是什麼水平。

他爸爸原來也是一個宮廷樂師，後來看著兒子爭氣，乾脆辭了工作，帶著莫札特在全歐洲的宮廷裡巡演。整個家庭的收入，全從小莫札特那裡來。

但是，等莫札特長到十七歲這一年，也就是一七七三年，這是莫札特人生的轉折點。他突然發現自己在維也納居然找不到工作，不得不回到故鄉。就在這一年，世界開始對他露出了殘酷的一面。後來莫札特一共活了三十五歲，去世的時候十分貧困。

聽起來好像有些荒唐，以莫札特的才能，巴黎、倫敦、維也納，全歐洲的宮廷，哪個他沒有在裡面表演過？隨便找一個待下來不就行了？他怎麼會找不到工作呢？

有意思的地方就在這裡。當年全歐洲宮廷喜歡的莫札特是神童啊，是一個小孩子，他那麼小就能寫一手好音樂，他長相特別萌，誰不喜歡啊？

整個人類歷史上恐怕都沒有哪個小孩子能像小莫札特那麼風光。在那個年紀，他就和法國皇帝坐在一張桌子上吃飯。英國國王在路上遇到他們一家，走下馬車來和他們行禮。有一天他給奧地利的特蕾莎女皇演奏，結束以後女皇問他，想要什麼獎勵？他指著站在旁邊的小公主說，我要和她結婚！在場所有的大人都哈哈大笑。

你要是個有權有勢的人，你遇到這麼一個小孩，是不是也會打心底裡喜歡，然後也會樂於展現自己對藝術的愛好、對人才的愛惜、對冒犯的寬容、對金錢的慷慨？

但是，十七歲的莫札特成人了。看似只是一個人在長大，但背後發生了兩個巨大的變化。

第一個變化是莫札特本人。從六歲到十七歲，他在音樂這個方向上突飛猛進。十七歲的時候，他已經寫了二十多個交響曲，還有很多其他作品。他的音樂作品，越來越複雜。這是一個音樂家成長路上必然會發生的事情。

這就是我們中國人熟悉的傷仲永故事和莫札特故事不一樣的地方。仲永是自己慢慢退化了，而莫札特在這條路上是越來越強大。

這意味著什麼？意味著莫札特變成了另外一個人，提供了另外一種音樂產品。他當神童的時候，原先的市場就丟了。歐洲的宮廷喜愛一個寫簡單音樂的神童莫札特，說得不好聽一點，那是一個有優越感的大富大貴的人，對一個寵物的喜愛。

但是現在他成人了，你提供的是複雜的音樂產品，那產品本身才是重點了，跟你的人就沒什麼關係了。找不找得到工作，取決於這個產品符不符合宮廷的欣賞趣味和現實需求了。所以他找不到工作是不是也有點正常。

還有第二個變化。十七歲的莫札特是一個成人了，那整個社會網路就會按照一個成年人的規範來要求你。比如說，和莫札特合作的方式。過去他是巡演，演得再精采，過幾天也得離開，宮廷貴族再慷慨，付出的也只是一筆臨時的打賞。而現在成年人莫札特需要一份工作，是要按月發薪水的。這就是一筆固定支出。雖然當時歐洲宮廷不缺錢，但是他們也沒那麼需要音樂。偶爾演出就可以了。比如在莫札特的祖國奧地利，現在以他為驕傲的國家，當年的特蕾莎女皇就對自己的兒子約瑟夫說過，不要雇用這種沒用的人，國家財政也不寬裕。

其實約瑟夫皇帝知道莫札特是天才，後來為了讓他不至於為了錢流落到別的國家，在維也納宮廷裡給了莫札特一個收入不高的閒職。莫札特當然不太滿意。可是環境已經不會再像容忍一個小孩一樣容忍他了。他得聽皇帝的。

有一天約瑟夫皇帝聽了他的〈費加洛婚禮〉後說，是挺好聽的，就是音符太多了。莫札特就頂回去說，我覺得剛剛好。

你要是莫札特，你肯定也不開心。皇帝又不懂，我才是藝術家。他從來沒有受過這氣，當神童收到的都是鮮花和掌聲。但設身處地想想，你要是皇帝，你能把職位給他嗎？皇帝也沒有受過這氣啊。

成年人莫札特接受不了成年人社會的尊卑秩序和社會規範，那找不到工作是不是也很正常呢？

不僅僅是在政治上他不能接受社會規範，其他社會方面也一樣。神童莫札特在歐洲巡演，只需要操心音樂，一切衣食住行、待人接物，是他爸爸在操心。一直到他二十一歲，他所有的錢還都歸他爸爸管。這就導致了他成年以後不太會與人打交道，也缺乏金錢觀念，日子過得總是緊巴巴的。

在維也納的國家檔案館裡，保存了莫札特的遺產清單。清單顯示，莫札特是租房子住，名下沒有一棟房產；而且莫札特家裡也沒有什麼值錢的東西，當時一般的中產階級家庭都有成套的銀器，莫札特家卻只有三把銀湯匙。他擁有的全部現金加起來只有一百九十三個銀幣，欠別人的債務卻有九百一十八個銀幣，也就是說，他死的時候是處於破產的狀態。一個人可以很窮，但是如果沒有什麼很特殊的原因，就欠下這麼大一筆債務，那通常就是因為不會管錢。

說到這兒，你應該意識到問題出在哪兒了。莫札特在音樂方面突飛猛進，變成了一個成熟藝術家，但是他在其他方面的心智和能力，都還停留在神童時期。他是一個社會能力失調的人。這才是莫札特悲劇的根源。

我們說的是莫札特的悲劇，但實際上這個故事對我們今天的人有特別的價值。

莫札特是因為不能適應自然年齡增長帶來的變化，而和社會網路脫節了。這是一個很偶然的原因。同時代的人沒有這個困擾。因為那個時代哪有那麼多神童，因某個方面的才能被社會瘋狂地激勵，然後單兵突進地成長？大部分人都是能力、心智同步成長，同步社會化的。所以，在過去的時代，莫札特的問題不是一個普遍性的問題。

但是在我們這個時代，莫札特式的機遇概率大增。不是因為個人變化快，而是因為環境變化快。比如，某個人突然就成網紅、明星了，某個公司突然就成獨角獸了、上市了，但是時間很短。

這是社會對一個人、一家公司某一個方面的肯定。但是，這就是莫札特式的機遇，會不會帶來莫札特式的難題？做為一個人、一家公司的其他方面也都同步成長和發育了嗎？能夠完美嵌入到當時的社會網路裡嗎？

褚威格曾經寫過一本書《斷頭王后》，是寫路易十六的王后瑪麗·安東妮的。這瑪麗·安東妮就是莫札特小時候在奧地利宮廷裡，指著要娶的那位公主。書中有這麼一句話：當時她還很年輕，不知命運所饋贈的禮物，早已在暗中標明了價格。這句話是說瑪麗·安東妮的，也是說莫札特的，也是說之後所有有莫札特式機遇的人。

對，所有的好事，背後都有隱形的價格。只不過，不太容易看到。

什麼是「癮」？

具體的癮可以戒斷，但是這個空白你無法根除。

有一本書叫《咖啡癮史》，講的是咖啡這種飲品是怎麼走進人類社會，成為現代人生活的重要組成部分的。這本書讓我對「成癮」這個現象的理解又深化了一步。

過去，我們認為「成癮」是一種很沒出息的行為，是意志不堅定的人身上才會有的現象。比如菸癮、酒癮、毒癮、賭癮。不過這個理解有一個小漏洞。很多吸菸成癮的人就反問，你說我意志不堅定，那人類歷史上意志堅定的人都什麼樣？邱吉爾算一個吧？那是有名的意志堅定的人，他帶領英國熬過了二戰，你不能說他意志不堅定吧？那為什麼邱吉爾菸癮那麼大，而且無法戒斷呢？

回到咖啡這個例子上來。咖啡會刺激人體分泌多巴胺，多巴胺會帶來滿足感，所以才會讓人上癮，這是生理上的解釋。但是要是回看咖啡流行的歷史，你會發現沒那麼簡單。它不光是生理依賴，還有一層更複雜的意義。

咖啡的歷史大概可以追溯到三千年前。世界上最早食用咖啡的地區叫柯法王國，也就是今天非洲的衣索比亞一帶。當時，人們像嚼口香糖一樣，整顆咀嚼咖啡果。那味道肯定不怎麼樣。當然，人們也不是為了好吃才吃，而是他們發現，吃咖啡果可以讓人興奮。後來，人們還把咖啡豆和油脂混合，做成了高爾夫球大小的點心，專門給戰士吃，讓戰士好上陣打戰，提振精神。

此後，咖啡開始擴散到其他地區，馬上就大受歡迎。當然不是因為它味道好，而是當時的人類生活有一個特別重要的組成部分，那就是祭祀。所有的祭祀中，都有一個固定環節，就是吃東西。吃平常的東西肯定不行，必須得是能引起強烈的情緒波動的食物。因為人們認為，這類能引起情感波動的東西一定有某種神秘的力量，可以用來和神靈溝通。

這個現象在世界各地都很普遍，比如瑪雅人在祭祀時會使用一種有毒的青蛙做成的迷幻藥；埃及的聖紫羅蘭之所以被奉為聖物，也是因為它有致幻作用；印第安人在祭祀中會服用一種特殊的仙人掌，也是因為它含有迷幻劑成分。當然，跟這些迷幻藥比起來，咖啡豆既能帶來情感波動，又沒有那麼強的副作用。安全又健康，當然是祭祀首選。

咖啡最先滿足的恰恰不是生理意義上的癮，而是社會意義和精神意義上的癮。這個需求並不是某個人內在的生理上的需求，而是一個社會和精神需求。它僅僅是具備這麼一丁點能讓人興奮的特性，但只要這個特點被人類抓住，就會在人類的需求中被不斷放大。

但是，咖啡直到這會兒還是祭祀工具，不是飲品。它真正變成飲品，是大概八百多年前的事。當時就有人做罪惡的販奴生意，一些中東地區的人販子把非洲的奴隸帶到了中東。更具體點，是葉門一個叫摩卡港的地方。第一杯現代意義上的咖啡，是在這裡被發明出來的。人們還用港口的名字給它命名，也就是摩卡咖啡。巧的是，摩卡這個地方又偏偏是個港口，傳播能力很強。所以咖啡的喝法，很快就從這裡傳遍了整個阿拉伯世界。

還有更巧的，咖啡但凡被帶到別的地方，都不可能被開發出新的喝法，只有在葉門，在阿拉伯地區，人們才會花這麼大的工夫研究咖啡，把它變成飲料。因為葉門人普遍信奉伊斯蘭教，他們的教義明確規定，禁止飲酒。但是不讓不代表不想，總有一些人對酒帶來的那種醉意和興奮感非常嚮往。越是禁止，他們就越是渴望。

怎麼辦？只能找替代品。這時咖啡豆出現了。人們發現，這個東西居然也能帶來類似喝酒的感覺。難吃不是問題，可以改良，磨碎了沖成汁，加奶、加糖。於是，咖啡理所當然就填補了人們需求的真空地帶，摩卡港也成為當時全球咖啡貿易的中心。

但真正讓咖啡走遍全世界的是歐洲人，是歐洲人在南美洲建立了大規模的咖啡種植基地，把咖啡變成了一項巨大的全球貿易。但是歐洲人又不禁酒，他們為什麼會對咖啡同樣買帳？咖啡又是怎麼在歐洲社會扎根的呢？

答案還在這個「癮」字上。只不過這回多了一層社會意義上的癮。

在咖啡進入歐洲之前，歐洲人最主要的休閒飲品就是酒。但酒喝多了會醉，醉了就會糊塗，糊塗就會誤事。但咖啡正好相反，越喝越精神。所以，歐洲人很快就接受了咖啡。但是這只是表面現象，背後其實還有一層更深層的社會需求，就是人們對平等交流的渴望。這就要說到一個和咖啡密切相關的場所，咖啡館。

在當時的歐洲，咖啡館最主要的作用之一就是聊天。人們喜歡在這裡點一杯咖啡，然後聊聊政治，談談宗教，平等交流，氛圍非常自由。可能會有人問，咖啡館出現之前，難道就沒有別的地方讓人聊這些話題嗎？

還真沒有。餐館顯然不合適，除了用餐時間，誰也不會整天泡在這裡。酒館更不合適，大家邊喝邊聊，很快就醉了，甚至還要打架，哪裡還談得上什麼思想交流？而且在這之前政治發育還沒到那個地步，平等交流還不是人們觀念裡已經有的東西。

十七世紀的英國國王查理二世就發布過禁令，禁止人們在咖啡館討論政治。但這項禁令在十一天後就取消了。因為以前人們沒嘗過自由民主交流的滋味，不知道暢所欲言是什麼感覺。但有了咖啡館之後，他們就愛上了這種感覺。想把一個已經出現的需求拔除，哪有那麼容易？

所以，什麼是癮？過去我們都認為，癮是人的內在生理需求，是人的某種劣根性，因為管不住自己才是癮。其實從咖啡的傳播歷史來看，正好相反，是人類的社會活動不斷創造出來了一些新的空白點，這些空白點必須要某種東西去填補。至於是什麼東西，那反而是偶然的產物。只要人們在特定的場合需要興奮這種需求出現了，不管你是用茶、用酒，還是用可可、用咖啡，只要把這個空白填補上了就可以。

但是這些真空是剛性的，一旦被打開就必須得被填滿。具體的癮可以戒斷，但是這個空白你無法根除。最近聽到一個新聞，說印度人戒酒，居然要冒死去喝眼鏡蛇的蛇毒來填補這種空白。所以空白是無法根除的。

我想到黃執中說過的一段話，正好印證了這一點。他說，你的問題，就是他人的解決方案。比如，你覺得一個人抽菸很煩人，這是你的問題。但是你勸他戒菸是沒有用的，因為菸是他的解決方案，是他解決無聊和緊張的方案。除非幫他找到新的解決方案，否則，他抽菸這個問題就不會消失。

遊戲不是什麼洪水猛獸，
遊戲的精髓是重建人生的意義。

遊戲讓我們有可能回到人人都有主動性、
一切都有緊密聯繫的世界。
未來時代，一切都是「遊戲」。

遊戲的樂趣

遊戲的魅力在於能贏？

很多年前我看過一部美劇，是關於毒品的。在那部戲當中，你能看到兩個世界，第一個是癮君子的世界，就是吸毒的那些人，那真叫是慘，雖然人還活著，但是整個人都爛掉了，活得毫無希望，堪比人間地獄。還有一個世界就是毒販的江湖，因為毒品在被生產、加工、販運，包括毒販和緝毒警鬥爭，這構成了一個非常複雜的博弈系統，整個劇的劇情就是從這兒開始的。

看完了這部劇之後，我跟我身邊那個朋友講，我說我預測人類未來很可能會發明電子毒品，隨著人的腦科學研究的發達，這個東西完全可能出現，拿一些電極植入腦部的那些區，然後一按按鈕，你想怎麼嗨，想得到吸食鴉片或者是海洛因的那種狂放的想像力，你馬上就能得到，任何快樂立等可取。如果這樣的機器一旦發明，會產生兩個結果，第一個結果就是毒販的江湖會消失，因為沒有具體物質的交付了，什麼生產、加工、販運，整個系統就會崩掉了。而且毒品會變得極其便宜。

但是還有另外一個後果，我當時就跟我那個朋友講，我說很可能非常可怕。我們每個人心裡有貪念、有欲望，而這個欲望隨著越來越複雜的社會組織，我們不得不靠跟他人的協作來達成這個欲望，所以我們的文明是建立在這個基礎上的。而如果我按一下按鈕，馬上想要什麼就來什麼，那還了得？沒有人會努力，也沒有人會和他人協作，整個人類文明也許不是死於什麼石油枯竭、氣候變暖，很可能因為電子毒品的發明，人類文明從此就崩塌了。

我正在那兒高談闊論，那個朋友翻著白眼看了我一眼，說你傻嗎？我說怎麼了？他說你說的不就是電子遊戲嗎？一語驚醒夢中人，我一想對呀，現在電子遊戲就有一個外號叫電子毒品。所以我設想的這個東西是不是在電子遊戲上已經部分實現了呢？接下來就跟大家聊一聊電子遊戲。

我們這一代人玩電子遊戲時間非常晚，因為你總得等到中國電腦普及吧？那個時候我已經上班了。但是即使如此，我這一生花在電腦遊戲上的時間真的多了去了，當然我們那時候玩的電子遊戲現在年輕人也看不上了，什麼《三國志》、《紅色警戒》、《世紀帝國》等都叫「計時戰略性遊戲」，我非常愛玩。現在創業了，當然就沒時間玩了。

但是通盤算下來，我玩電子遊戲給我這一生帶來的痛苦，其實遠遠大於快樂。玩的時候當然非常爽了，我弄死你，弄死你，把滑鼠搖得山響；但是一旦Game Over，斷電之後，那種巨大的空虛寂寞感就會襲來，那一刻心中是極其懊悔的。因為你心裡清楚，過去的幾個小時，我甚至連續玩過二十多個小時，你完全可以用來學習、看書、會友，甚至休息，都是有意義的，對人生有好處的事情，我為什麼要浪費在這兒呢？所以那一刻對自己的人生其實評價很低。

社會對電子遊戲的評價不高，根本原因就是因為遊戲是一個虛擬的、生造出來的精神世界。所以現在關於遊戲基本上是兩派觀點，第一派觀點就覺得完全就是個毒品，一定要把它當作一個毒瘤，從人類社會給割出去。現在還有一些專家，專門搞什麼戒網癮，甚至給孩子們採取用藥、上電擊等粗暴方法，這些人就不去說他了，完全是糊塗蛋。

可是另外一派人，他們好像在為電子遊戲辯護，他們會說電子遊戲會鍛鍊你的反應能力，鍛鍊你的協作能力，甚至，美國大兵那個空軍的飛行員訓練，不就是在電子遊戲機裡進行訓練嗎？所以在伊拉克和阿富汗戰場上才表現得那麼好，電子遊戲對我們的現實生活是有幫助的。

但是不管怎麼說，這些觀點即使是為遊戲辯護，它的本質上都是認為現實世界是根本，遊戲是一個附屬的世界，它有好處，也有壞處。我原來也是這麼看問題的，但是直到我看到了一組數字，這組數字是二〇一二年的，它說全世界的遊戲人口實際上是在飆增的，歐洲是一個億，中國是二個億。二〇一二年到今天，這個數字肯定翻番了，到底是多少我也懶得查了，總而言之肯定是一個突飛猛進的族群。

二〇一二年的時候，全世界玩遊戲玩得最瘋的是哪個國家？美國，一億八千五百萬人在玩遊戲。而且大概有五百萬人是深度沉迷者，他們一週大概要花幾十個小時，平攤到一天有六、七個小時去玩遊戲。我還看到過一組數字，說美國的二十一歲的年輕人，此前花在閱讀上的時間平均是兩千到三千個小時，可是你知道他們花在打遊戲上的時間是多少嗎？一萬個小時。

老天爺呀，一萬小時，這是一個美國學生從五年級到高中畢業所有花在課堂裡的時間的總和，也就是說美國學生除了上學之外，還要花同樣的時間打遊戲。一萬小時定律，這個詞就是說把這個時間花在任何一門技藝上，這個人都可能磨練出大師級的水平，也就是說你現在在美國大街上看見任何一個年輕人，有一個算一個，幾乎都是電子遊戲的大師。

這事就嚴重了，因為人類社會時間安排就決定了它的文明狀態，因為其他資源說是稀缺，但是隨著技術的演進，那個資源的稀缺性往往會緩解。只有時間是絕對剛性的約束，一個人一天就二十四小時，一輩子就能活那麼長，所以把時間花在哪兒，這是一個文明的基本狀態的特徵，那如果人類花越來越多的時間去玩遊戲，我們這個文明的前途就要發生變化了，就像我看到過的一篇論文，說我們正在面臨人類第二次大遷徙。第一次大遷徙是多少多少萬年前，我們老祖宗從非洲老家出發，走向歐洲、亞洲和美洲；而現在呢，我們正在從實體世界向虛擬世界大遷徙，大移民。

所以看到這組數據和這篇文章之後，就逼得我重新思考，遊戲它到底是個什麼玩意兒呢？它是不是我們人類的未來呢？我們先回到這個問題的根本，就是電子遊戲所構建的虛擬世界，和我們生存的實體世界之間，它到底是一個什麼樣的關係？我們如果把一般的社會認知攤開，基本上可以總結出一個詞，就是那個虛擬世界是人類社會的一個死胡同。

此話怎講？你看我們這些俗人，都是行走在陽光燦爛的大道上，奔著自己的人生目標。但是這條大路它有一些岔道，是一些小巷子，這巷子也很正常，你也可以進入爽一會兒，但是你心裡得有數，巷子的盡頭是一堵牆，它哪兒也不通往，你即使在裡面再爽，你遲早不還是得出來嗎？不是還得回到我們這條現實的大道上嗎？

我曾去過網咖，很多年輕人在那兒玩遊戲，有的一看就是逃學的學生，年輕的面龐，二目也呆呆發愣，盯著螢幕，烏煙瘴氣地在那兒玩遊戲。如果你覺得自己是一個有點社會責任感的成年人，通常有些話會脫口而出——別玩了，那個玩意兒能當飯吃嗎？你不是遲早還得回到現實世界，得賺錢、得找女朋友、得結婚生子嗎？這才是實實在在的生活，那個東西虛頭巴腦的，雖然現在非常爽，但是一斷電，它不就結束了嗎？所以那叫死胡同，是沒有前途的地方。這是我們一般的社會認知。

但是我們接下來就抬個槓，難道實和虛就是電子遊戲的世界和我們現實世界之間的區別嗎？不是，現實世界當中有大量虛的成分，如果按照這個標準，電影院是不是該關了？出版社是不是就不應該出版小說？酒吧是不是也該關門啊？我們見到一個多年未見的老朋友，一頓飯、一頓酒，而且從此就分離，再也不可能見面了，難道這樣的聚會就毫無意義嗎？不是啊，我們的文明其實大量建立在虛的東西上面。

甚至我們可以講一句很根本的話，人類文明幾萬年來走過來的趨勢是什麼？就是不斷地從實的地方溢出，走向虛的地方。原來我們狩獵、採集，整天食不果腹，吃是最大的問題，沒有比這更實的吧？但是一旦進入農耕，我們的食物開始有了盈餘，我們就開始整各種么蛾子，比如說辦個節，每個民族都有自己的節，平時捨不得吃的東西，過節這幾天胡吃海塞，跳舞、唱歌，一次性地把它造掉，你說它符合實的原則嗎？

到了工業社會那就更是這樣，大量實的東西，我們只需要通過很少的人口就可以把它幹掉了，比如說現在美國農業人口還不到總人口的2％，它的糧食還出口。將來工業也是一樣，現在機器人突飛猛進，所有製造業將來沒準都是交到機器人手裡。所以人類吃不愁穿不愁，實的東西就結束了，未來人類可能全部要生活在虛擬的空間，不說虛擬吧，就是虛頭八腦的空間，經常是你替我打扮一下，我給你講個故事聽，可能未來的世界就這樣。

最近我聽見矽谷的一個人演講，說未來人類只剩下三種職業，第一種叫講故事的人，比如羅胖這種人；第二種就是工程師，就是伺候各種機器；第三種就是客服，就是你買東西之後，我為你做一些服務。就剩這三種職業，當然這是那個矽谷人的很極端的判斷，我們不去說它。但是人類文明從實到虛，這是一個基本的趨勢，所以你不能說實的就好，虛的就壞，這也不是現實世界和電子遊戲之間的區隔。

你說看個電影兩個小時就結束了，而且娛樂身心，這是有益的虛，電子遊戲太糟蹋健康了。那我又得跟你抬槓了，人類的整個文明發展史就是從健康的生活走向不健康的，我多次提到《人類大歷史》，裡邊就講農業生活它就是一種不健康的生活，原來我們滿山爬，到處找兔子，搜集果實，那才是健康的生活。一旦有了一片地，你天天哈著腰在那兒播種、耕耘，那就是不健康的生活。

到了工業社會，我們天天在一個流水線上，一個釘子、一個螺絲搬來搬去，那健康嗎？我們現在幾百萬、上千萬的人聚在一起聞著廢氣，那是健康的生活嗎？沒辦法，整個人類的發展史就是從健康生活走向不健康，所以這好像也不是遊戲的問題。這問題越說越深，遊戲和我們的世界我老覺得不對頭，它到底哪兒不一樣呢？我們就要回到更加根本的一個問題，就是遊戲它為什麼好玩。

我們一般人都玩過遊戲，那個體驗就是在遊戲裡很歡樂，有個著名的遊戲專家講過一句，真的是至理名言，他說遊戲的反面不是工作，遊戲的反面是抑鬱，從來沒有看過一個在玩遊戲的人很抑鬱，遊戲總是快樂的。但是這句話未得究竟，為什麼？我隨便舉一個例子，俄羅斯方塊，這是世界遊戲史上最經典的遊戲，據說它有九項吉尼斯紀錄，它的發明人其實是一個蘇聯工程師，據說是一九八二年發明的。它很多紀錄到現在還保持著，最多玩的人、最多的下載次數、最多的版本，就是俄羅斯方塊。

一堆各種形狀的方塊往下掉，掉到底上，如果把它填滿了就可以消掉，得二百分，然後一直到方塊堆到最上面，遊戲結束，就這麼個遊戲。你說它好玩嗎？好玩，我印象最深的一次，是我大學畢業從武漢到北京去讀研究所，路上那個火車十幾個小時，我朋友借給我一個當時玩俄羅斯方塊的遊戲機，我目不轉睛地玩了十幾個小時，一點兒沒覺得累。

我還看到過一則材料，說二〇〇二年的時候，有一個英國人在飛機上，非要打開手機玩俄羅斯方塊，機組人員對他反覆勸說，他就是不聽，最後沒辦法，下了飛機把他給抓起來，判了四個月徒刑。這個人寧願坐牢也要玩俄羅斯方塊，這遊戲的魅力也太大了吧？那問題來了，這遊戲的魅力到底在哪兒呢？我們就解剖這只麻雀。

很多人說，遊戲的魅力是在於細節上非常有趣，你看那個《憤怒鳥》，那個小鳥多好玩啊。那是現代遊戲，現在的大型遊戲細節上設計得都非常完美。但是俄羅斯方塊可是人類歷史上最成功的遊戲，它細節上有什麼好的？你看個電影、看個話劇，好歹還能欣賞演員的演技，好歹還有一些非常養眼的畫面，有審美功能。

可是那些方塊往下掉的時候有什麼審美？如果在現實生活當中，給一個人一堆木頭塊子，說你給我拼，拼齊了就消除，就給你加分，他能玩十幾個小時？那個英國人能冒坐牢的風險？這人也太無聊了吧，怎麼可能？所以細節上的樂趣肯定不是遊戲的秘密，這是第一點。

第二點，又有人說了，遊戲因為互動就好玩。錯，互動是所有遊戲的特徵，從一開始的捉迷藏、丟手絹，到圍棋、象棋都是互動，電子遊戲尤其是單機版的電子遊戲，我們是跟那個機器在互動，那有什麼意思？哪有圍棋、象棋好玩？是跟真人互動，我贏了是我贏了具體的人。那為什麼現在的小孩更多地癡迷於電子遊戲，沒有多少小孩天生就愛玩棋類遊戲呢？這說明什麼？電子遊戲的魅力，它的根本秘密不在於互動這個因素，這是第二點。

又有人提出來，說遊戲的魅力是在於能贏，我們在現實生活當中大家都是Loser，贏不了，在那兒我贏了。也不對，為什麼？你回到俄羅斯方塊想一想，俄羅斯方塊這個遊戲它的根本特徵就是開局的時候注定就要輸，絕對沒有贏的概念，到最後就是方塊堆到了頂，你輸掉了。那你說它的樂趣在哪兒呢？

遊戲為什麼好玩？

遊戲的虛擬世界和我們生活的真實世界，那個界限其實沒有你想像的那麼清晰。

為什麼電子遊戲有這麼大魅力，如此好玩呢？這就得回到我們人類做為一個生物學的物種，我們最深層的那個心理機制上去了。這個機制叫目標反饋系統，所有的生物都一樣，但是人類把它給升級了，簡單說就是因果關係。

因果關係並不是世界的本質，它是我們人類的一個邏輯工具，我們是用這個東西來套世界萬物。那為什麼呢？因為我們要求存，求存就必須要知道我們的一個行為和具體的結果之間的關係，所以我們把它抽象為因果關係，比如說餓了就吃，吃了就飽了，這是因果關係。

如果大千世界當中很多東西沒法用因果關係來解釋，那就強加一個因果關係給它。比如說天為什麼下雨？因為有神仙；為什麼太陽打東邊出來？因為神仙要從那邊趕路。各個民族都有自己的神話，這不是說哪個民族搞文學創作，是沒辦法，我們人類是靠因果關係理解世界的，如果缺了一個對現象的因的解釋，我們是沒法存活的。所以為什麼每個民族都有鬼神，種因就在於此。因為我們要獲得對世界的控制感。

比如說每個民族都有巫術，巫術的本質就是通過因果關係來控制這個世界，這是我們內心的一個渴望。這就是目標反饋系統，說白了，目標要達到，這本身很重要，但是更重要的是我在向目標前進的過程當中，我的每一個行為必須能夠獲得反饋，讓我能夠建立這種控制感。

想想看，這對於一個原始人，甚至是我們還是猴子的時候，對我的生存是多麼重要？那個時候，目標系統其實很簡單，說白了無非兩樣，第一是生存，第二是繁衍。相對複雜一點的呢，反而是一個反饋機制，因為任何一個生物，它要做出一個目的性的動作，比如說覓食或者求偶，它總希望環境給它一個很敏捷的反饋，所以它建立了非常複雜的感受系統，根據這個反饋就能調整和迭代，並優化自己的動作。就像現在的軟體工程師是一樣的，不斷搜集用戶的反饋，然後小步快跑，快速迭代。

一個物種只有這樣優化自己，它才能夠活得下來，我們人類活到今天，全部靠的是這個機制，才把自己變得如此強大。話說眨眼之間，幾百萬年就過去了，人類進入了現代生活，發現原來依靠的這個目標反饋系統出大問題了。

首先，這個反饋系統出了問題，因為現在我們依靠大量的技術。技術這個東西其實就是把大自然對我們的反饋機制給改了，比如說我們現在用手機拍照，我們總覺得不對，我們需要那哢嚓一聲。可是哢嚓一聲是原始的機械照相機的機械特徵帶來的，但是現在我們受不了沒有哢嚓一聲的手機拍照，所以往往還要加上這一聲。

再比如說，現在的電動車其實已經沒有馬達了，它就是一個電動機，沒辦法，我們習慣了一腳油門下去，機車給我反饋一次轟鳴，所以現在很多電動車不得不設計一個噪聲，讓你感受到這個反饋。

更典型的是高檔汽車的車門，其實現代的工業技術早就能做到關車門的時候一點聲音都沒有，但是我們受不了，關門怎麼能沒聲音呢？我們理解一個高檔轎車它的關門聲應該是「砰」的一聲，非常厚重。所以現在你聽到的「砰」的一聲是聲學工程師幫你調出來的，它不是那個車門本來應該關上的聲音。我們的反饋系統在現代的技術條件下，已經被改得面目全非，我們還需要新的技術補足這個反饋。這是一個變化。

還有一個變化就更重要了，就是現代人的生活面對的目標系統太複雜了。我們說一個簡單的目標，比如說你高考想考上北京大學，就這一個目標，請問你怎麼把它分解為反饋？你說我這一堂課認真聽嗎？有什麼用啊？你感受不到那個具體的反饋，你必須長年累月地認真聽講，認真做作業，認真做習題，你才可能考上北京大學。

這就要調動我們的遠見、理想、勤奮等等，而這些東西都不在我們的基因裡面，所以就顯得非常之困難。為什麼在學校會有學渣？他就是無法建立起這種反饋機制，他不知道眼下的努力和我心裡的那個目標之間是什麼關係。為什麼現實生活非常之醜陋？就是因為目標和反饋系統脫節了。

我再講一個減肥的例子。減肥這事太困難，就是因為沒有反饋系統，我這一輩子減了無數次肥，剛開始一天不吃，一秤少了一斤，挺好；第二天呢，沒動作，可能餓得已經翻江倒海，但是你的體重秤告訴你，你什麼變化都沒有。所以，一個減肥的心理的衝刺，往往就是因為長期沒有反饋，停下來了，我們是受不了沒有反饋的目標性行為的。

我還聽說過一個段子，一個男孩追一個女孩，苦苦追了一年，對方死活就不答應，男孩沒辦法，只好撤了。女孩又反過來問，你為什麼撤了？你為什麼不追我了？男孩說，妳倒是給我一個進度條啊，讓我知道距離成功還有百分之多少。你看，這就是典型的直男思維。

但是它很合理，進度條這個東西是電腦操作系統的一個偉大的發明，電腦內部在怎麼操作，其實我們外面看不到，但是你讓我看到這個進度條，5%、20%、60%了，我心裡就踏實了，我不斷能夠接受到反饋，我就可以等你慢慢運行。

很多婚姻介紹所經常有那種五十歲上下的男人，抱著幾個房產證找姑娘，妳喜歡我吧？我有三套房。這看起來很神經病，但是在直男的世界裡很好理解，妳姑娘喜不喜歡我，妳倒是給我一個刻度，哪怕妳漫天要價，說妳得有一百套房我才嫁給你，我好歹知道該不該努力嘛，現在讓我猜妳的心思，我找不到這個反饋的訊息，我是要瘋掉的。所以為什麼很多直男找不到女朋友，根子其實是在這兒。

現實生活在反饋不明確的情況下，是非常不美好的，我在職場上想進步，我想變得更加美麗，我想減肥等等，都得不到具體的反饋。所以我們往往就喪失了努力的熱情，就不喜歡這個現實生活的世界。那怎麼改進呢？其實方法很簡單，把反饋給我們，就是改進。

現在有的人靠手機上的軟體，每天走多少步，在朋友圈裡跟大家比，不得了，原來沒有意志減肥的人，現在走起路來跟瘋了一樣。我聽說過的極端案例，就是每天拚命走拚命走，一定要達到朋友圈當中的第一名，實在做不到怎麼辦呢？把手機綁在狗身上，讓狗天天在院子裡跑，跑出一個朋友圈的第一名。我們馬上就被驅動了，因為我每一步我能看到具體的數字，我能看到我和他人的對比，我這個行為立即就轉向積極。

在有微博之前，很多人是懶得寫東西的，但是有了微博後為什麼大家就愛寫呢？因為你發一條，馬上有人評論，有人轉發，粉絲一個一個地就可以累積起來，這就是很細密的反饋。如果你說我要是天天在家青燈黃卷，寫一篇幾十萬字的長篇小說，然後去找出版社尋求出版，最後功成名就，那樣的長期反饋我們普通人是等不了的，我們受不了那種長期孤寂的耕耘。

再比如說創業，我曾經講過一句話，創業就是修行。有人可能會反問，那你為什麼不修行呢？你要跑來創業呢？我說創業有進度條，我成功了多少，市場給我這個公司的估值，還有我每年的營業額，能給我這個進度條。我內心裡修行到哪個階段了，我自己也不知道，就很難堅持得下去。

說到這兒，你琢磨出來一點什麼沒有？我們費了這麼大篇幅，其實是想說，遊戲到底是個什麼東西？為什麼好玩？遊戲和我們的現實世界最大的區別在哪兒？就在於電子遊戲利用了現在的電腦技術，可以對我們在那個虛擬世界當中的每一個動作作出最迅捷、最豐富的反饋訊息，讓我們隨時隨地都可以爽一把。

有一個做遊戲的朋友跟我講，你玩遊戲的時候要是把聲音關掉，這款遊戲的可玩性就會大幅度地下降。我試了一下，還真的就是這樣，好像馬上就不好玩，為什麼？他跟我講，遊戲的聲音和畫面設計，不是為了讓你覺得很好聽，或者是很好看，跟審美沒有什麼關係。它就是讓你對這個世界有操控感，你的舉手投足、一舉一動，這個世界馬上就會給你反饋。比如說你打了一下人，馬上他身上就放出光環，或者長一個什麼，飛出一個數字等等，它所有的東西都是作用於你當下的感覺。

再比如說，所有的電子遊戲都有三套系統，第一個叫徽章系統，第二個叫分數系統，第三個叫排行榜系統。這三個系統本質上都是反饋，徽章是什麼？是對你過去成績的一種反饋，你在這個世界已經達到多少級了，然後給你取一個名字，這叫徽章，這是過去。而現在用的就是分數系統，你每做一個動作長多少分、減多少分，馬上會獲得當下的反饋；而排行榜是未來，那是你的典範和目標，你值得為它去追尋。所以過去、現在、未來，整個那個虛擬世界都會給你反饋。這也是遊戲的魅力，為什麼現在很多年輕人在講，我要，我馬上就要，這是玩遊戲長大的一代自然的一個心理結構。你讓他去等，像農民伯伯一樣春耕、夏耘、秋收、冬藏，或者說你天天努力工作，到月底給你發工資，然後到年終的時候會有一筆獎金，現在玩遊戲長大的一代完全無法設想這種遠期的激勵系統，因為這個世界給他的反饋太慢了。為什麼現實世界不好玩而遊戲世界好玩呢？原因就在於此。

聽到這裡你可能會說，無非是解釋了電子遊戲做為一種新型毒品，它是怎樣讓人上癮的，可是沒有解決遊戲的問題，遊戲仍然是一個壞東西，那些青少年被它勾引，在裡面醉生夢死，耽誤了太多的時間，將來在現實世界的競爭力就會變得比較差，所以遊戲是一個壞東西。

這套說法對不對呢？如果早十幾年前是對的，但是現在不一定。因為一個世界是真是假，有的時候不取決於一些客觀標準，取決於一個因素，就是它有多少人。如果在那個世界裡人到了一定的數量之後，很難說得清誰是大路、誰是岔道；誰是現實、誰是虛擬。

這種事情在人類歷史上發生過很多回，比如說基督教，最開始耶穌帶著他的十二門徒去傳教的時候，在正宗的猶太教看來，這就是一個邪教，或者說是一個小教派，你就是岔道。可是當基督教在整個歐洲開枝散葉，擁有在全世界幾億教徒的時候，你還能說它是個假的嗎？你能說它是個虛擬世界嗎？它擁有了自己的歷史、自己的文學、自己的藝術創作、自己的社會階層、自己的現實財富，甚至是一些人格榜樣，它擁有了那麼多人之後，他們還會回到所謂的現實世界嗎？如果在中世紀，你要不是基督徒，對不起，你是在岔道上。所以人數多少決定誰真誰假，誰虛誰實。

我自己有這樣的人生體驗，我在現實生活當中覺得玩遊戲的人沒出息，但是有一次一桌人吃飯，其他人都在玩《魔獸世界》，我沒玩過，我就覺得自己很Low，他們說什麼我完全聽不懂，那一刻我發現，我在死胡同裡。

再比如說打高爾夫球，你以為打高爾夫球的富人都是為了玩嗎？不是，高爾夫球本身是一個世界，它裡面通向很多地方，比如說商業。商人們打高爾夫球，往往是打完球在飯桌上談球，今天誰打得好，誰打得不好，多少多少桿，可是在球場上，人家在談生意，打高爾夫球那只是一個入口，是通向他們的生意世界。如果你不會打高爾夫球，對不起，你跟這幫人在餐桌上談不了球，你在球場上就談不了生意，所以你才是個死胡同。

一個虛擬的世界，一轉身變成一個真實的世界，其實沒有那麼難，主要是湊夠了幾個條件就可以。第一個條件就是足夠多的人數，剛才講了，電子遊戲絕對不缺人。第二個條件是普通人在這個世界裡能夠找到幸福感，這恰恰是電子遊戲的長項。

幸福感這個事說來有點虛無縹緲，但是心理學上有一個詞可以大體地替代它，這個詞叫「心流」。意思就是一個人沉溺於當下做的這件事情，忘了外面的時間，這就叫進入心流狀態。比如說你跟心愛的人在一起，或者你做一件特別擅長、特別專注的事情的時候，你就會忘卻外部的時間，每一個人都有這樣的體驗，如果沒有，打遊戲的時候肯定有這樣的體驗，十幾個小時一會兒就過去了，這就叫心流。

心流是怎麼建立的？心流其實是一種平衡，就是在挑戰和熟悉的技藝之間有一種平衡。因為如果這個挑戰太難，我們就會進入一種情緒，叫焦慮；如果這個挑戰太容易，我們就會進入一種情緒，叫無聊。在焦慮和無聊之間的那個狀態，就會容易進入心流狀態，而基本上所有的幸福感都是建立在心流狀態上的。遊戲最大的好處就是難度可調，你非常容易找到對自己的智力和體力來說，挑戰正好適度的那款遊戲，所以你很方便進入心流，然後通向幸福感，這是第二個條件。

第三個條件，成就感和自豪感，遊戲世界裡面最不缺的就是這個。我看過一本書，叫《遊戲改變世界，讓現實更美好！》，裡面舉了一個例子，大概是二〇〇九年，這是西方世界的一個遊戲，叫《光環3》，第三個版本的《光環》，裡面發起了所謂的第三次戰役，這當然是個虛擬的世界了，是地球人反抗外星人對我們的攻擊。殺掉了一百億個外星人，動員了一千五百萬名地球戰士，就是這些遊戲玩家。這已經超過了現在地球上職業軍人的總和了，大家在裡面殺外星人，殺了一百億，殺到一百億的時候，這個遊戲群落裡面就發了一個通告，我們代替地球人抵擋住了外星人對我們殘忍的攻擊，我們多麼偉大。

大家就真的有偉大感。

每一個人的偉大感你覺得都那麼真嗎？其實有的時候就像是一個遊戲，比如說你支持的球隊奪冠了，在好消息傳來的那一刻，我們不都感覺到自豪感和成就感嗎？遊戲世界裡有的是這個東西，這是第三樣。

第四個是社交，只有社交它才會變成真實世界，遊戲裡面也不缺。你以為打遊戲的人僅僅是通過網路大家隔空用一些假名字在社交？不是，我看過不少遊戲的網友在線下聚會，在線下聚會就會產生大量的現實生活當中的協作，甚至是一塊兒做生意，一塊兒創業，你創業我投資等等這種事，在遊戲社群裡其實正在大規模地發生。發生的頻度、密度和烈度，遠遠超過我們這些不玩遊戲的人的想像，這是第四個要件。

第五個要件就是他得有真實的錢。遊戲世界裡當然也不缺，那些遊戲的競技高手，他們一年的收入是有多少？別說參與競技的了，就是做遊戲解說的人，一年拿到上千萬的收入也不是什麼稀奇的事，那這還是一個虛擬的世界嗎？如果你非要說這種就是騙玩遊戲的小孩的錢，如果非要用這個「騙」字，那好，回到現實生活當中，所有寫小說的、排話劇的、拍電影的，甚至是下圍棋、下象棋的人，他們賺的錢也都是騙來的，是不是這個道理？所以遊戲的虛擬世界和我們生活的真實世界，那個界限其實沒有你想像的那麼清晰。

遊戲的世界

因為人類世界從來都是這樣，如果有人創造了一個比較領先的意義世界，真實世界會趕上去，從來不會逼著人類作一個判斷，丟棄一個過往的家園，進入一個全新的空間。

遊戲本身不是我的關注點，而是遊戲那個世界和我們的真實世界之間的關係，將來會怎樣演化，這個問題非常迷人。

我看過一本書，叫《有限與無限的遊戲》，這書看得我如獲至寶。它的作者是一個美國人，這書可不是講遊戲，它是從遊戲的角度來重新解釋整個人類文明。這書其實很薄，沒有多少字，而且寫法很有意思，是一個格言體，一句一句、一段一段的，可以說每一句都值得琢磨，是我近年來看到的智慧濃度最高的一本書。

這本書提供了一個非常厲害的視角，就是整個人類文明，包括商業、政治、法律、經濟、戰爭，其實都是遊戲。

人類歷史上那些聰明人接觸到這個命題其實有很多，比如德國的社會學家馬克斯．韋伯，他就講過一句對我啟發特別大的話：人類是什麼？人類是懸掛在自己編織的意義之網上的動物。這話說得太厲害了。

如果人類只有實的一部分，那就是個動物。只有當人類去追尋那些虛頭巴腦的，甚至僅僅是自己想像出來的意義的時候，並且把自己的生命掛在上面的時候，你才是個人。如果理解了馬克斯．韋伯的這個觀點，我們再來看今天的電子遊戲是什麼，那就很清楚了，它是利用現在發達的電腦科技，在製造意義這個方面領先一步的一個精神領域。

這是我個人對電子遊戲下的一個判斷，如果你接受這個判斷，那問題來了，人類世界的未來到底會怎麼樣呢？會不會像前面講的那篇論文所寫的，人類正在經歷第二次大遷徙，我們要從真實世界向那個虛擬世界大移民。那最後的結果其實就是電影《駭客任務》裡面演的，我們每一個人像豬一樣被機器人飼養，然後腦子裡插一根電極，從此生活在虛擬世界，會嗎？我個人的判斷是不會。

因為人類世界從來都是這樣，如果有人創造了一個比較領先的意義世界，真實世界會趕上去，從來不會逼著人類作一個判斷，丟棄一個過往的家園，進入一個全新的空間。孔老夫子在幾千年前搞出那一套儒家學說，剛開始它就是一個領先的意義世界，跟著它跑的人不多，但是當儒家思想真的變成大家都接受的了，整個中華文明甚至是東亞世界都接受這一套思想，真實世界本身被改造，就會用自己的步伐和節奏趕上這個意義世界。

這其實也是人類社會不斷提升自己的一個方式，什麼人叫強者？就是他的意義世界和你的不一樣，比如說同樣是讀書這件事，有的人問他為什麼讀書？怕老師罵，怕家長打；有的人問他為什麼讀書？我想升官發財考大學；還有人給出這樣的回答，我是為中華之崛起而讀書。所以社會的境界、個人的境界，都是現實和虛擬意義之間的關係發生了變化。

所以我的判斷，真實世界會遊戲化，而不是我們變成遊戲中的人。這個變化過程和融合過程是怎樣發生的呢？通過剛才講的那個原理，其實就是把遊戲世界那種迅捷、快速而綿密的反饋機制，移植到我們現實生活中來。

現在大量的公司都在做這樣的改造，比如說Microsoft做一個操作系統，裡面可能出現Bug，尤其是它做那麼多種語言的操作系統，那Bug肯定很多，如果找一個專門的機構給它挑，肯定非常困難，而且出錯率很高。結果Microsoft就在自己的公司內部懸賞，誰能挑出來最多，我們給一個什麼獎勵。其實是把這件事情在Microsoft內部變成了一個極其歡樂的遊戲。

前些年英國發生了一件很有名的事，就是突然公布了國會議員平時報銷的帳目，這是一個很大的數據庫。但是老百姓不怕麻煩，因為終於有機會去玩一局「警察抓小偷」的遊戲，你們這些國會議員平時人模狗樣，我倒是要看看你們在報銷帳目上是不是多吃多占。一堆發票要細心地去對，如果把這個工程讓專業的監察機構或者是記者來調查，這個任務不可能完成。但是老百姓歡樂，最後果然找出了一大堆議員的毛病，甚至最後有判刑的。所以說，遊戲思維、遊戲玩法，正在改變政治生態。

科學家們也在利用這個機制。有本書叫《遊戲改變世界，讓現實更美好！》，這裡面就舉了大量的例子，包括老百姓用遊戲的心態免費幫科學家進行大量的計算，最後推動科學研究的例子。

其實歐巴馬一上台之後就提出，一定要把遊戲變成下一代美國人學習的方法，後來果然就有人做了大量實驗，在美國紐約，就有一些中小學搞了一個實驗，叫「學習的遠征」。就是把平時那種枯燥的課堂教學全部變成遊戲，這幫孩子就是用遊戲的方法逐漸學習過來的，我覺得太絕了。

我有時候就在瞎想，如果我有機會辦一個小學，我會把它改造成一個遊戲的學校，孩子們早上到學校來，哪有什麼早讀，哪有什麼課程表，沒有，大家請進圖書館，老師們已經把一些題目放在一些神秘的書裡面，第一個遊戲就是把今天這些題目找出來，這是下一個關口的通關鑰匙。

這些題目你要會做，直接進入下一個環節，如果不會做可以請教老師，老師在教室裡等著你們。但是請注意，老師給你們上課，你們是要花這個遊戲裡面的點數的，當然你可以說，我說服其他小朋友跟我一起去解這道題，一起去請教這個老師，可以平攤這個點數，這樣一來是不是又鍛鍊了孩子們互相說服和協作的能力？

當然，老師給你們講完這堂課之後，可以給你們提幾個問題，允許你們把這個點數又掙回去。通過諸如此類的設計，可以把學校的教育完全變成遊戲。我相信這樣長大的孩子，他會天生對知識有強烈的興趣，天生會協作，天生有好奇心。我相信要不了多少年，大家就會明白，在生活和遊戲之間，絕對不會讓我們放棄生活進入遊戲，而是生活本身變成了一局很好玩的遊戲。

最近我重讀了一本書，作家張大春寫的《大唐李白》，書中對李白的所有評價中，我最有感觸的是這麼一句話，他說李白這一生遊歷無數，算是一個大旅行家，他看到了那麼多現實，但是他其實看的不是現實，而是先秦、兩漢、魏晉這些歷史，和他自己想像出來的神仙世界在現實中的投影。所以，能人都是這麼活的，虛實之間的界限已沒有那麼明顯了。

遊戲是未來人類表達自己、
創造意義的一個媒介，
它是下一代人類文明的基礎。

遊戲化世界

遊戲不僅是一群人沉迷其中的玩樂，遊戲會成為我們新的生存方式。這不是什麼黑暗的前途，用得好，它將是人類重返自己精神家園的途徑。

如果你不是一個沉迷於遊戲的人，對遊戲的觀感應該不是很好。因為大量的年輕人，尤其是小學生，玩遊戲成癮。

一般的觀點是，玩遊戲既傷害身體，又耽誤學業。所以，遊戲好像越來越成為一個社會問題。做遊戲產業的人，雖然很賺錢，但總是背負著一種道德上的瑕疵。

我認識一位在遊戲業很有名的企業家，他嘆口氣說，我們這是合法賣讓人上癮的東西，連江湖尊重都沒有。

這當然是開玩笑的話。不過，遊戲業就等於研究怎麼讓人上癮嗎？他們有沒有別的價值呢？

要回答這個問題，我們得先追問另一個問題——為什麼遊戲會讓人上癮？你可能聽說過很多詞，比如即時反饋、榮譽系統、成就感、社交動力等等，這都是遊戲讓人上癮的機制。但問題是，為什麼人類會吃這一套呢？

我看了清華大學歷史系劉夢霏的一系列文章後，深受啟發。劉夢霏自稱是一個「潛伏在歷史系裡的遊戲研究者」，她認為，遊戲提供的不是上癮，而是一種可能性。

遊戲是讓人能夠完整地自我實現，讓玩家能回到集體潛意識中，去狩獵採集的祖先式的生活方式。那是一種意義完整的生活方式，從而能填補在當代工業社會中，針對個人而言斷裂的意義鏈條。

人們之所以要玩遊戲，是因為遊戲讓你在工業社會中，仍然能做一個大寫的人。

這個觀點有意思了。

說白了就是，人類從狩獵採集社會的狀態裡走出來，一萬年左右，一路從農業社會、工業社會、訊息社會，狂奔到今天。但是，我們身體底層的需求和思維模式，還是停留在狩獵採集社會，而遊戲讓我們可以暫時地回去。

你可以想像一下，我們的先祖，在狩獵採集時代的生活方式是什麼，和今天有什麼不同？

首先，那個時候我們天天都處於探索的狀態，大自然是那麼龐大，我們不知道它的全部真相。我們每天要從住的地方出發，探索周邊的環境，採集蔬菜果實、打獵，每一次有收穫都是意外之喜。

但是現代社會就完全不是這樣了，探索的精神在衰退，因為大量的事情都是確定的。你每天上班坐地鐵，會在精確的時間抵達確定的地方；很多工作內容都是預先計畫好的；大量的人工作只是為了生計，沒有什麼意外之喜。

第二，在狩獵採集時代，我們並不追求效率，每天勞動時間很有限。因為沒有冰箱，多採集食物也沒有用。每天有大量的閒暇時間，和我們的家人或者從小就熟悉的人相處。

你看現在的猴群，大量時間是用來社交和玩耍。而在現代社會呢，效率的螺絲每天都在擰緊，整個現代社會體系其實就是一台壓榨機，把陌生人大規模合作的效率潛能給壓榨出來。

只要你還有一點時間、一點精力，都會被誘導投入到為提高效率而從事的工作中。否則，按照現代社會的標準，你就是不上進、沒出息。

第三，在狩獵採集時代，人類會為了解決一些特定的問題，製造一些用途特別明確的生活物品。每做一件事，都能直接看到它的結果。

比如，做一個小首飾，戴在頭上，很好看；做一把小石刀，可以劃開獸皮……等等。做的事和這事的用途、結果之間的關係，是直接的、可見的。

但是在現代社會呢？幾乎你當前做的每一件事，都缺乏直接可見的結果。

比如，你寒窗讀書十二年，是為了最後一下子的高考，但我們每認一個字，每做一道題，卻不能直接兌換為高考分數。

再比如，你工作了，你的每一項工作，當下的結果都不可見，總是要等到月度考評或年終的時候，才能看到成績。

我們再總結一下上面三點。

狩獵採集時代，人類的生活方式隨時隨地有探索的樂趣，有大量的社交和閒暇，所有的行動有即時反饋。

但是，這是一萬年前的事情了。後來進入農耕社會之後，人類的財富迅速增長，但代價是，這些狩獵採集時代的生活方式，徹底消失在歷史的深處。

但是有一樣東西沒有消失，那就是人類的基因，它一直被複製到了我們現代人的身上。一萬年的時間太短，基因幾乎沒有什麼變化。

這下我們就明白，為什麼遊戲會讓人成癮？遊戲不就是提供給我們一萬年前熟悉的那種生活方式嗎？

第一，有探索的樂趣，每一個遊戲都是一個嶄新的世界。好的遊戲，幾乎有無窮多的細節和深度有待你發現，可以隨時獲得成就感。

第二，有大量的社交和閒暇。很多人說愛打遊戲的宅男非常孤獨。

其實才不是呢，他們是在現實世界裡孤獨，遊戲恰恰是治療他們孤獨最好的良藥，裡面的戰隊、夥伴、社團，比現實世界裡熱鬧。

第三，很多人沉迷遊戲的原因，是因為遊戲有清晰的即時反饋。在遊戲裡，你每打一隻怪，都會非常明確地獲得一百點的經驗值，絕不落空。你的每一個成就，都會記錄在徽章系統、排行榜系統和分數系統裡。你可以隨時知道自己的進步，現在的遊戲，會竭盡全力地優化這些反饋。

聊到這裡，你肯定明白了，沉迷遊戲，本質上不是遊戲本身的問題。實質上，它是人類現代文明和人類遠古生活方式斷裂導致的問題。這個斷裂的責任，不應該由遊戲來單方面承擔罪責。

電子遊戲，不是一幫壞人為了利益坑害他人。它是技術發展到這個階段，必然會出現的東西。

在人類歷史上，一旦出現新東西，都會有相當大的副作用。那個時代就會有人喊，完了完了，禮崩樂壞，前途一片黑暗。

比如，電視發明之後，當時就有很多人覺得，天吶，怎麼會有那麼多人沉迷於電視？電視成癮，下一代怎麼辦？

事實上，我們看電視長大的一代，不也照樣活蹦亂跳，沒有成為墮落的一代啊。從一個更長的歷史時段來看，人類文明總是被這些東西推動著向前走。

把好壞判斷放在一邊，這種新技術，就是一個事實，我們無力拒絕。只不過，下一階段的人類文明，會在這些事實上變得不一樣。

前面提到的那位清華大學歷史系的劉夢霏，有一個說法很有意思。她說，遊戲是一種精神過程，遊戲是一種平等與自由的媒介，能夠最大限度地發揮人的自主性，通過反饋和社群認同，使人感受到自己的行為有意義。

什麼意思？簡單說就是，遊戲是未來人類表達自己、創造意義的一個媒介，它是下一代人類文明的基礎。

未來，遊戲不僅僅是一種玩具，遊戲會成為經濟、社會、制度重構的一種基本機制。娛樂會遊戲化，公司管理會遊戲化，教育會遊戲化。

遊戲不僅是一群人沉迷其中的玩樂，也會成為我們新的生存方式。這不是什麼黑暗的前途，用得好，它將是人類重返自己精神家園的途徑。

只不過，這個進程剛剛展開，我們現在看到的亂象，會逐漸溶解在它展開的過程中。

遊戲化工作

因為大家心知肚明，這是遊戲，沒有那麼多對失敗後的恐懼。

遊戲成癮被看成是一個負面現象，但並不是遊戲本身的罪過，而是體現了人類生活方式的一種斷裂——是我們的腦子和身體還停留在一萬年前，而生活和工作又不得不適應現代社會。

而在未來，隨著技術的進步，人類有機會彌補這個裂縫。在遊戲精神的基礎上，重構下一代人類文明。也就是說，人類文明的方方面面，都面臨一個「遊戲化」的前景。

在工業時代，處理問題的通常思路，就是分割和分類。職業要分類，學科要分類，就拿遊戲來說，我們也把它看成是一個單獨的事。上班八小時，你不能玩遊戲，下了班可以娛樂。孩子上學不能玩，做完作業可以打一會兒遊戲。

我們承認遊戲的正當性，但總想限制遊戲的範圍，一旦越界，占用了過多時間，就叫「遊戲成癮」，會引發全社會的焦慮。

但是工業化時代這種分割和分類思維，正在受到挑戰，未來時代的總邏輯是融合和融通。所以，遊戲能不能從單純的娛樂圈子跑出來，成為一種泛化的現象呢？

也許不可避免，為什麼？

因為遊戲有一種能力。過去，我們總是把遊戲和嚴肅認真對立起來，但這種對立是禁不住推敲的。因為，嚴肅可以排除遊戲，但反過來，遊戲卻能很好地包含嚴肅。

也就是說，嚴肅認真的時候不能玩，但是玩的時候卻可以嚴肅認真。

所以，很多人就開始思考，能不能讓遊戲成為一種激發創意的媒介。利用遊戲的框架，或者遊戲的其他衍生品，來解決工作生活中一切非遊戲的問題，把應該很嚴肅的東西「遊戲化」。

現在全世界很多地方都在進行這方面的實踐。比如，美國的一些設計師，就在嘗試用遊戲化改變中小學教育，他們做了一項很簡單的改變，主要是把考試從減分制變成加分制。

我們小時候經歷的考試，其實都建立在糾錯和懲罰的觀念基礎上。考試是假設你本來應該滿分，但是有的地方沒學好，做錯了，要扣分。通過受挫讓你接受懲罰，下次得改。

但是加分制就不同了，這裡面沒有滿分。

每個學生都從零分開始，每完成一次作業，或者考試做對一道題，就能取得更高的分數和級數。然後還引入了班級總分制，孩子都知道，自己是班級團隊中的一員，班級的總分是要和其他班級比的。你得的分數越多，給集體的貢獻就會越大，你幫助其他同學得分，其實和自己得分是一樣的。

這就促進了社交和互助，而不像原先系統中冷漠和競爭的關係。

還有，他們把課程體系變成了通關制。比如，這一週是數學週，下一週是語文週，大家一起協力通關。在某一門課上有專長的同學，還能為班級贏得特殊的附加分。這樣一來，團體中的每個人都感受到自己的獨特之處。

一個懲罰系統，變成了激勵系統——從競爭系統，變成了合作系統。這樣學習過程就變成了遊戲過程，可以想像一下，孩子在這樣的學校學習，學習動力問題是不是就改善了很多？

遊戲化的方法，不僅可以改善系統，也可以用於自我管理，也就是對付自己。很多人對自己正在做的事情都有兩種負面感受，要嘛覺得無聊，要嘛覺得焦慮。

這兩種感受，說白了就是難度問題。如果事情太簡單，你會覺得無聊；如果太難，你又會覺得焦慮。

而遊戲，恰恰可以改善這些感受。遊戲的一個重要目的，就是製造一種心理狀態，叫「心流」。也就是全神貫注地沉浸其中，專心去做一件事。

那遊戲是怎麼做到的呢？

其實就是通過調節難度，調節到正好的程度，不無聊也不焦慮，就會進入「心流」狀態。

理解了這個原理，我們就可以想方設法來對付自己了。

有一個九〇後遊戲大神，叫龔攀，他就告訴我，如果你覺得一件工作很無聊，原因就是太簡單嘛，應對方法就是增加難度。

怎樣增加呢？

比如，縮短時間：過去二小時完成的工作，今天玩個小遊戲，有沒有辦法九十分鐘搞定？

還有，改變方式：過去用鍵盤寫作，覺得很枯燥，今天玩個小遊戲，能否用語音加上文字轉換軟體的方式來寫作？

再比如，增加規則：假如我比較容易以自我為中心，可能過得很無聊，今天玩個小遊戲，能不能試試看一整天不說一個「我」字？增加難度，提高限制，會增加工作的趣味性，把工作變成遊戲。反過來，如果你覺得一項工作太難了，難到讓你產生焦慮，怎麼辦？

遊戲想要通關也很難啊，但是很多人沉浸其中，一點也不焦慮——因為遊戲的辦法是四個字：任務拆解。

在遊戲裡，假設你是一個一級的新手，系統提示說，想通關就要打敗九十九級的大魔王。這個時候，你就處於焦慮中，因為大魔王一個腳趾就能打倒你。

如何打敗大魔王呢？遊戲系統會給你一些任務目標來做。

比如，去村口殺十隻野豬，你就可以升到十級；然後去城鎮完成什麼任務，可以升到五十級；然後要拿到什麼裝備，進而就可以殺死大魔王。遊戲會給你一步步的小指示，通過這些指示去解決問題，這就是任務拆解。

遊戲設計就是讓你通過任務拆解，來逐步接近一個大目標。所以，遊戲再難，也會吸引住很多人。總之，就是通過把大難題拆解成小任務，去一步步完成。這個原理和遊戲是一樣的。

要解決現實生活中的焦慮，另外還有一個重點，就是要重新理解「失敗」。

現實生活中，有的學生考試失敗，就會大哭、崩潰。去追求女生，很多男生在表白前會緊張得坐臥不寧。其實從局外人看來，這些失敗都沒什麼大不了，但當事人總傾向於誇大失敗的後果。

但是在遊戲裡，失敗是常態。

有統計說，玩家80％的時間都用在失敗上。但是，好像玩家們並沒有在這些失敗面前很沮喪，為什麼？

因為大家心知肚明，這是遊戲，沒有那麼多對失敗後的恐懼。所以，很多公司就在這上面花心思，重新塑造員工對失敗的感受。比如，Facebook有個規定，一旦某個員工任務沒完成，就會在他的桌子上放一隻可愛的小熊：這既是懲罰，也很好玩，沒有那麼嚴肅。長此以往，大家對於失敗，就沒有那麼恐懼了，雖然有點丟面子。

關於遊戲這個話題，小小總結一下：遊戲不是什麼洪水猛獸，遊戲的精髓是重建人生的意義。遊戲讓我們有可能回到人人都有主動性、一切都有緊密聯繫的世界。

未來時代，可能一切都是「遊戲」。

羅胖人文書清單

1. 《天才：麥斯威爾．柏金斯與他的作家們，聯手撐起文學夢想的時代》
   - 史考特．柏格 著
   - 二〇一六年，新經典文化
2. 《談美（二版）》
   - 朱光潛 著
   - 二〇二一年，五南
3. 《設計的心理學：人性化的產品設計如何改變世界（三版）》
   - 唐納．諾曼 著
   - 二〇一四年，遠流
4. 《藝術品如何定價：價格在當代藝術市場中的象徵意義》
   - 奧拉夫．維爾蘇斯 著
   - 二〇一七年，譯林出版社
5. 《我們為何成為貓奴？：這群食肉動物不僅佔領沙發，更要接管世界》
   - 艾比蓋爾．塔克 著
   - 二〇一七年，紅樹林

6.《社交天性：人類行為的起點——為什麼大腦天生愛社交？》
- 馬修・利伯曼 著
- 二〇一九年，大牌出版

7.《美麗的標價：模特行業的規則》
- 阿什利・米爾斯 著
- 二〇一八年，華東師範大學出版社

8.《莫札特的成敗：社會學視野下的音樂天才》
- 諾貝特・埃利亞斯 著
- 二〇〇六年，廣西師範大學出版社

9.《咖啡癮史（全新暢銷修訂版）》
- 史都華・李・艾倫 著
- 二〇二一年，時報出版

10.《遊戲改變世界，讓現實更美好！》
- 簡・麥戈尼格爾 著
- 二〇一六年，橡實文化

我的人文書清單

列下你未來半年的讀書清單吧！
羅胖，和你一起終身學習！

國家圖書館出版品預行編目資料

將平凡的事做得不什凡：羅輯思維【人文篇】/
羅振宇 著；--初版.--臺北市：平安文化, 2022.04
面；公分. --(平安叢書；第715種)(我思；12)
ISBN 978-986-5596-74-3 (平裝)

1.CST: 人文學 2.CST: 思維方法 3.CST: 通俗作品

119 111002415

平安叢書第0715種
我思 12

將平凡的事做得不平凡

羅輯思維【人文篇】

作　　者—羅振宇
發 行 人—平雲
出版發行—平安文化有限公司
台北市敦化北路120巷50號
電話◎02-27168888
郵撥帳號◎18420815號
皇冠出版社(香港)有限公司
香港銅鑼灣道180號百樂商業中心
19樓1903室
電話◎2529-1778　傳真◎2527-0904
總 編 輯—許婷婷
執行主編—平靜
責任編輯—蔡維鋼
行銷企劃—薛晴方
美術設計—兒日設計、李偉涵
著作完成日期—2020年
初版一刷日期—2022年04月

法律顧問—王惠光律師
有著作權・翻印必究
如有破損或裝訂錯誤，請寄回本社更換
讀者服務傳真專線◎02-27150507
電腦編號◎576012
ISBN◎978-986-5596-74-3
Printed in Taiwan
本書定價◎新台幣380元/港幣127元